Contents

I0162419

Contents

Contents

Dédicace/dedication/Widmung

An sehr geehrter Herr Frank Rock,
Mitglied des Landtags Nordrhein-Westfalen,
Schul- und bildungspolitischer Sprecher der CDU-
Landtagsfraktion,
Für ihren Humanismus und ihre Orientierung im Rahmen
des Lebens in Deutschland

An sehr geehrte Frau Helene und sehr geehrter Herr
Kopainski OWE,
Für ihre Unterstützung, ihre Sympathie, ihre Ermutigung
und ihre Beratung.
Ihre Anwesenheit an meiner Seite tröstet mich und lässt
mich gut fühlen.
Diese Anerkennung ist Lebensdauert.

An sehr geehrter Landrat des Rhein-Erft-Kreises, Michael
Kreuzberg,

An sehr geehrter Bürgermeister von der Stadt Hürth, Dirk Breuer,

An Herr Dr. Michael Bollmann und sehr geehter Herr Kai
Claassen,
Für ihre Verfügbarkeit und ihre Anleitung im Rahmen meiner
Lage hier in Deutschland.

An sehr geehrte Damen und Herren, die bei unserem Sozialamt in
Hürth arbeiten.

Remerciements/Thankfulness/Dankbarkei

À la famille BEYEME et Claudia,
Thank you to believe in me, your presence at my side really comforts me. It is a pleasant pleasure to receive both advice and encouragement. Starting a new life in a new country has never been as easy as it sounds.

Thank you to Alex Egbokhare,
For your encouragement when I was writing this Research Work

Épigraphe/Epigraph

« Du fait que la langue est un fait social il résulte que la linguistique est une science sociale, et que le seul élément variable auquel on puisse recourir pour rendre compte du changement linguistique est le changement social » [1].

---

[1] Antoine Meillet, *« L'état actuel des études de linguistiques générales »*, leçon inaugurale au Collège de France, 13 février 1906; repris dans *Linguistique historique et linguistique générale*, Paris, Champion, 1921, cité ici dans la réédition de 1965, p. 17

PART ONE: FRENCH

Préface

Chers lectrices et chers lecteurs, merci de découvrir ces
courtes pages.
Je vous souhaite une excellente lecture.

Honnêtement parlant, la langue demeure l'une des puissantes
marques identitaires dans chaque groupe ethnique et ce,
dans le monde entier. D'ailleurs, selon Saussure *«La langue
est un trésor déposé par la pratique de la parole dans les sujets
appartenant à une même communauté»*. Or l'homme a été
fait pour vivre avec ses semblables dans un environnement
de collaboration, de rapprochement et d'échanges, au sens
large du vocable. Nous avons tous envie d'apprendre une
langue, comme nous aimerions que nos enfants s'approprient
les langues étrangères. Seulement, pour le faire, il apparaît
pertinent d'aller vers l'autre. C'est à partir de ce moment
précis, j'allais dire de ce frottement culturel et linguistique
que prend forme le concept d'interculturalité. C'est du moins
mon opinion personnelle. S'attachant aussi bien à la langue
qu'à la culture et à la société, la sociolinguistique s'insère
valablement et imperturbablement dans cette mouvance.

Dans cette posture, la linguistique, l'interculturalité et la sociolinguistique gardent une place de choix dans les rapports inter-communautaires.

C'est pour cette raison que j'ai jugé nécessaire de mener cette petite réflexion autour de nos concepts pour découvrir en même temps leurs valeurs et leurs limites. Cela peut sans doute faire jaser, mais toutes les sciences sont loin d'être objectives, loin s'en faut. En effet, s'agissant du cas nous concernant, nous faisons face à un bouillonnement linguistique et culturel qui force à penser. La culture et la langue étant foncièrement affourchées dans notre identité, notre contact et notre frottement avec l'autre, entendu comme étranger suscitent inéluctablement des questions. Mais en fait, qui est étranger? De prime abord, nous le sommes tous, paradoxalement parlant. La réponse adéquate à cette question ne pourrait venir que du contexte de situation communicationnelle. Les échanges et les corrélations dans nos sociétés ne sont toujours pas axés sur le respect des valeurs éthiques, c'est-à-dire sur la ferveur de la dignité humaine, en dépit de ce melting-pot linguistique et culturel qui caractérise notre environnement social.

En tant que sciences du langage, la linguistique et la sociolinguistique ont le devoir de transformer la collectivité du point de vue de l'intellect et de l'éthique. Cette tâche incombe bien évidemment au linguiste tout comme au sociolinguiste, qui sont tous soucieux du devenir de l'Homme et par ricochet de l'émergence de notre phalanstère.

En tout état de cause, l'apprentissage et/ou la pratique de la langue est essentielle à toutes les communautés. Vu de la sorte,

> «*Des recherches récentes ont même montré que le cerveau est plus programmé pour le multilinguisme que pour le monolinguisme. L'enfant bilingue a des compétences culturelles enrichies s'étendant au-delà du langage, et comprenant une diversité de comportements et de codes en fonction de l'environnement culturel dans lequel il se trouve. Le bilinguisme équilibré présente aussi des avantages au niveau cognitif, comme la facilité à comprendre d'autres langues, une plus grande flexibilité, et des capacités métalinguistiques nécessaires à l'apprentissage de la lecture*».[2]

Tout cet enchaînement doublé de l'interculturalité semble propice pour aménager la vie inter-communautaire et faciliter les rapports de toutes sortes dans toutes les collectivités. À ce rythme, autant les enjeux interculturels sont astronomiques, autant les visées de la linguistique et de la sociolinguistique sont incommensurables. D'où l'importance de cette autopsie.

Jean René MAFFO

---

[2] Barbara Abdelilah Bauer(Linguiste et psychologue), *Le défi des enfants bilingues*, éditions, La Découverte, 2015, sources en ligne

Résumé

Notre objectif dans cette étude est de montrer l'apport de ces concepts dans le foisonnement des langues et des cultures au sein des groupes ou des communautés. Nous examinerons les conséquences de l'interculturalité dans les rapports inter-communautaires. Il s'agira également d'analyser les visées fondamentales de la linguistique et de la sociolinguistique pour discerner d'une part leurs contributions au travers de leurs méthodes et de voir si en tant que sciences, la linguistique et la sociolinguistique participent de la même manière dans ce foisonnement linguistique du point de vue de la langue, du langage, de la société, de la communication, de l'ethnie, de la culture et du contexte. d'autre part. Nos interrogations seront aussi axées sur leurs dichotomies.

Mots-clés: multiculturalisme-linguistique-culture-interculturalité-société-sociolinguistique-plurilinguisme

Lorsqu'on parle de la linguistique, on voit instantanément la langue qui est pour ainsi dire l'outil de communication par excellence chez les humains bien évidemment. Il s'ensuit inévitablement la notion du langage articulé. Nous insistons sur ce point justement parce que les animaux eux-aussi se communiquent grâce aux sons qu'ils émettent. Ceci étant, afin de mieux appréhender notre sujet, nous aimerions définir le plus simplement possible les termes fondamentaux de cet exercice.

1. APPROCHE DEFINITIONNELLE DES TERMES

1.1 La linguistique

En général, la linguistique est une étude à la fois scientifique et explicative de la langue et dans cette perspective, Jean Dubois présente cet aspect de façon remarquable:

> *«On s'accorde généralement à reconnaître que le statut de la linguistique comme étude scientifique du langage est assuré par la publication en 1916 du Cours de linguistique générale de Ferdinand de Saussure. À partir de cette date. Toute étude linguistique sera définie comme apparue avant ou après Saussure»*[3].

De ce point de vue, il ressort donc précisément que la linguistique est une science dont l'objectif basique reste l'étude des phénomènes liés à la langue et par extension aux langues en général. Ce qui revient à confirmer que: *«La linguistique a pour unique objet la langue envisagée en elle-même et pour elle-même»*[4]

---

[3] Jean Dubois, *Dictionnaire de linguistique,* Larousse, Paris, 2001, p.300

[4] Ferdinand de Saussure, *Cours de linguistique générale*, éditions Payot, 1916. p, 317

1.2 La linguistique appliquée

La linguistique appliquée quant à elle, bien qu'elle s'intéresse elle aussi à la langue, se base et se focalise sur les différentes pratiques sociales des langues et par ricochet, sur le langage. Elle est dans ce cas marquée par tous les aspects du langage. Et comme nous l'avons déjà spécifié plus haut, elle met un accent particulier sur l'étude des phénomènes liés à l'humain; c'est-à-dire des interrogations relatives à l'existence et nommément la vie professionnelle ou tout simplement les réalités quotidiennes; il s'agit des rapports et/ou des contacts dans les milieux socio-professionnels; dans tous les cas, la linguistique appliquée met en lumière le langage. Que ce soit du point de vue de la rédaction technique, de la didactique des langues ou même de la traduction, tous ces aspects font inéluctablement partie intégrante de la linguistique appliquée. D'ailleurs, il est nécessaire de rappeler ici que la linguistique appliquée est interdisciplinaire en ce sens qu'elle garde une place de choix aux différents aspects sociaux, voire psychologiques. Pour cette raison, la parole, le langage ou le discours sont des actes quasiment individuels susceptibles d'être analysés, interprétés ou traduits, étant donné qu'il est pertinemment question de la communication et de l'information. Ceci pouvant se produire dans des contextes situationnels tout à fait différents les uns des autres. Nous pensons tout d'abord et particulièrement au monologue: acte individuel axé sur des aspects psychologiques du sujet. Ensuite vient l'acte dialogal où interviennent plusieurs individus et où la situation de communication est ouverte et directe , si le climat et/ou le contexte le permet: absence totale des caractéristiques de l'absurde qui pourraient créer l'imbroglio pour brouiller ou rembrunir la communication, parce que le discours de l'absurde viendrait fausser les enjeux de la communication, que ce soit le discours absurde ou l'absurdité du discours. Il faudrait donc, dans cet environnement communicationnel écarter le doute.

1.3 L'interculturalité

L'interculturalité se présente comme étant tout le mouvement des communautés, c'est-à-dire des groupes ou des institutions engendrés par des contacts de diverses cultures dans des rapports d'échanges. Les rapports réciproques qui en découlent pouvant être soit conflictuels, soit harmonieux. Néanmoins, c'est le premier cas qui est le plus souvent constaté dans la mesure où les rapports sont régulièrement ceux de force, car le désir de sauvegarder la notion d'identité culturelle d'un côté comme de l'autre fonctionne sans coup férir. En effet, les rencontres de langues, de cultures ou de civilisations ne facilitent toujours pas les échanges, à cause justement d'incompréhension, d'incommunication, mais surtout de la question de différence, accompagnée immanquablement par la taxinomie des valeurs générée à son tour par l'appétit du fameux nationalisme.Par conséquent, c'est l'effet de choc qui prend le dessus à ce niveau, malheureusement. De là, il vient que certaines cultures se trouvent extrêmement valorisées au détriment des autres qui sont même parfois considérées comme étant inférieures. Observée de la sorte, cette malheureuse et négative dichotomie influe dangereusement sur les rapports d'échanges ou d'interrelations.Pourtant, l'interculturalité va toujours avec le multiculturalisme et le multilinguisme. Un véritable paradoxe. Nous y reviendrons plus loin.

1.4 La sociolinguistique

La sociolinguistique se réfère à la linguistique puisqu'elle prend appui sur les rapports existant entre la langue, la société et la question de l'identité; de plus, elle admet dans ses démarches que la langue reste un «acte social». C'est dans ce contexte que William Labov, l'un des spécialistes aguerris en la matière estime *«qu'il s'agit là tout simplement de la linguistique»*[5]

À présent, nous avons à peu près compris ou du moins, cerné le sens ou la signification des éléments composant notre thème. Aussi, faut-il admettre que la linguistique, associée à l'interculturalité et à la sociolinguistique permet de découvrir et de comprendre les phénomènes de sociétés dans les rapports d'échanges: langues, cultures et communication.

---

[5] Labov William, *Sociolinguistique,* Minuit, Paris, 1976, p. 258

Ainsi, comme outil de communication, la langue nous ouvre les portes dans tous les domaines: dans l'enseignement, c'est-à-dire les études nationales et internationales, les recherches scientifiques; elles développe les contacts et les rencontres. Par conséquent, la langue joue un rôle social fondamental. Aussi, pouvons-nous apprécier cette déclaration:

> *"Language is one of the most universal and diverse forms of expression of human culture, and perhaps even the most essential one. It is at the heart of issues of identity, memory and transmission of knowledge. Linguistic diversity is likewise a reflection of cultural diversity and cannot be precisely quantified or categorized. Bilingualism and multilingualism are a consequence of linguistic diversity on an individual or collective level, and refer to the use of more than one language in a daily life"[6]*

Avec l'enseignement et les mouvements des populations aujourd'hui, je pense que la langue a véritablement une valeur pédagogique. Certes, la langue n'est pas un livre pour nous offrir cette valeur. Mais les livres sont écrits, chacun dans une langue précise. Pour cette raison, maîtriser plusieurs langues, c'est sortir de son ignorance, de son isolement, de son enfermement, au profit de la connaissance, de la quête du savoir et des découvertes dans plusieurs domaines.

---

[6] *UNESCO Guidelines on Intercultural Education, UNESCO Section of Education for Peace and Human Rights, Division for the Promotion of Quality Education, Education Secto*r, Paris, (ED-2006/WS/59)-CLD29366, p. 13

De Florio-Hansen n'oublie pas cet aspect florissant de la langue :

> *„Man kann sich mit Menschen aus anderen Ländern unterhalten' ' (…)„Es macht Spaß, sich auf anderer Weise mit Menschen kontaktieren zu können. (…) Man kann neue Personen kennen lernen."*[7]

---

[7] De Florio-Hansen, *Interkulturalität und Mehrsprachikeit,* Band 2, S. 101

2. VERS LES RENCONTRES ET LES CONTACTS

Il n'est pas rare de remarquer ce clivage au sein des communautés différentes qui essaient de s'interpénétrer, de vouloir collaborer, mais qui s'éloignent davantage les unes des autres à cause des facteurs très souvent liés à certains groupes et qui rendent les relations difficiles. Les mouvements de populations et par conséquent les voyages de longue durée ainsi que les migrations laissent voir des situations franchement chaotiques, tant du point de vue culturel, identitaire que communicationnel. Être étranger sur une nouvelle terre, c'est-à-dire terre d'accueil oblige à voir et à envisager le monde et la vie autrement. Mais c'est un fait social incontournable; que l'on le souhaite ou pas car comme l'affirmait le philosophe Aristote:*«L'homme est un animal politique»*. Voilà pourquoi s'interrogeant sur les rapports régissant la vie en communautés, Julia Kristeva faisait remarquer:

«Étrangement, l'étranger nous habite : il est la face cachée de notre identité ...De le reconnaître en nous, nous nous épargnons de le détester en lui-même. Symptôme qui rend précisément le « nous » problématique, peut-être impossible, l'étranger commence lorsque surgit la conscience de ma

différence et s'achève lorsque nous nous reconnaissons tous étrangers, rebelles aux liens et aux communautés. » [8]

---

[8] *Julia, Kristeva, Étrangers à nous-mêmes,* Fayard, Paris, 1998, sources en ligne

3. LE CONFLIT DE LANGUES ET DE CULTURES DANS LES SOCIÉTÉS DITES MODERNES

En général, dans les Pays développés où vivent plusieurs groupes sociaux, c'est-à-dire des nationalités différentes, il y a incontestablement des conflits dans les domaines linguistique et culturel. Dans de nombreux cas, l'étranger perd petit à petit sa langue et semble ignorer certains aspects de sa culture d'origine parce qu'il voudrait adopter la culture étrangère, celle de son nouveau Pays d'accueil. Mais très souvent, c'est parce que cet étranger se trouve dans un état de faiblesse. Sa culture est entièrement dévalorisée; cependant, c'est lui-même qui est mal vu et mal perçu: il est inférieur aux autres, par sa culture et sa race. Cet aspect social conduit le plus souvent à un certain écartement ou effacement culturel, à cause aussi des dominations linguistiques et politiques. C'est à penser car chaque homme, malgré la couleur de sa peau est associé à une culture qui le caractérise et fait de lui ce qu'il est. Qu'il l'accepte ou non. On ne peut pas oublier ses origines: notre culture et notre ethnie sont nos marques identitaires; il est question d'un patrimoine inébranlable.

3.1. Une perception sociale bancale

Tantôt on a envie de faciliter l'intégration des étrangers tout en voulant leur enseigner la langue, entendue comme outil de communication et d'échanges, tantôt on développe contre eux un sentiment de rejet qui fait naître du coup une frustration, un dégoût incitant à un repli sur soi-même et à l'abandon. En effet, les sociétés et les Pays accueillant nombre d'étrangers ne sont pas continuellement prêts à favoriser la cohésion sociale, malgré les efforts fournis dans le but de les accepter comme tels. Au fait, leur enseigner cette langue ne suffit pas. Il est important et même nécessaire, au sens philosophique du vocable, de reconnaître également leurs propres valeurs culturelles, au lieu de voir en eux des gens désorientés et donc inférieurs. Cette façon de percevoir les choses fausse *ipso facto* les rapports humains en matière de communication interculturelle et de communion, car il s'agit avant tout d'un vivre-ensemble qui mérite le respect mutuel. Vu sur cet angle, les questions de l'identité culturelle et de l'interculturalité se trouvent alors écartées du cercle vital précisément parce qu'il y a blocage.

Pourtant, la reconnaissance et le respect des uns et des autres selon la définition que nous offre Maletzke Gerhard devrait illuminer tous les acteurs ici présents:

> «*Quand des personnes de cultures différentes se rencontrent,*
> *nous qualifions les processus qui sont alors impliqués de*
> *"communication interculturelle" ou bien d'"interaction*
> *interculturelle" (...). Nous utilisons ces deux termes lorsque*
> *les partenaires de cultures différentes sont conscients du fait*
> *que l'autre est vraiment différent et qu'ils se connaissent*

réciproquement leur altérité» [9].

De là, il vient que l'incompréhension née de la méconnaissance de l'autre ou de l'inégalité des cultures, voire des races, si l'on peut l'affirmer ainsi suscite dès lors de multiples questions liées aux phénomènes de sociétés. À côté de cette attitude somme toute déplorable, il ne faut pas perdre de vue l'idée selon laquelle ceux qui voudraient se faire intégrer dans de sociétés nouvelles ne se donnent pas la chance ou alors ne sont pas prédisposés à s'adapter à leurs nouveaux milieux: ils sont à la fois étrangers géographiquement et aux langues modernes. De plus, ils font aussi face aux nouvelles cultures, voire aux lois sociales. Comme nous l'avons signalé antérieurement, s'ajoute la notion de différence. Les plus faibles sont très souvent victimes du mépris allant d'un simple regard de chosification aux violences verbales. À ce titre, l'étranger, dans sa nouvelle société ou Pays d'accueil vit chaque jour des situations étranges absolument traumatisantes. Voilà donc un frein, un obstacle à l'interculturalité, à l'idée et au processus du vivre-ensemble.

3.2. Le nationalisme et les réalités conflictuelles

Au travers du nationalisme, l'interculturalité laisserait plutôt voir des forces qui s'affrontent et qui se battent sans

---

[9] Gerhard, Maletzke, *Interkulturelle Kommunikation zur Interaktion zwischen verschiedener Kulturen*, Opladen, West-deutscher Verlag, 1996

arrêt, chacune pour sa survie, grâce au désir et à la volonté de domination; parce que la langue est aussi un outil d'imposition et de force. Enseigner sa langue et sa culture aux autres, c'est toujours s'imposer, c'est dominer et même apostasier l'autre. Les interactions culturelles telles que observées dans de nombreuses situations de communication entre des membres ayant des cultures différentes tendent toujours à se déchirer. Or on a perpétuellement besoin de cette cohabitation pour des échanges; ce qui plonge l'homme au carrefour de langues, de cultures et de civilisations. C'est un melting-pot impliquant le multilinguisme, même si ces rencontres, ce foisonnement de langues, cette profusion culturelle crée parfois et très souvent des confusions dans des situations de discours ou de l'écriture. Justement parce que les langues étrangères sont différentes des langues maternelles que l'on acquiert dès la naissance et qui font partie intégrante de l'identité culturelle, voire nationale. C'est ce qui caractérise l'écriture coloniale, post-coloniale et celle des migrations. Aussi, peut-on comprendre ces propos d'Ahmadou Kourouma: «*Je cherche à écrire le français tout en continuant à penser dans ma langue maternelle*».[10] Quand on écrit dans sa langue maternelle, on n'a rien à chercher ailleurs, on ne force rien; celle-ci est ou devrait être ancrée génétiquement en chacun de nous, sans que nous ne puissions avoir envie de la maîtriser, comme on apprend à

---

[10] Kourouma, Ahmadou, *Écrire en français, penser dans sa langue maternelle*, in Études françaises, no33 , Montréal,1997, p.263-364

manier les langues étrangères. D'ailleurs, il me semble que Marie-Anne Paveau explicite clairement cette situation en ces termes «(...)*on ne «maîtrise» pas sa langue, on l'habite, on l'incarne, on la visite, et toutes les métaphores valent mieux que cette illusion de la «maîtrise».*»[11]

3.3. Rapports interculturalité et créations littéraires

Dans ce contexte d'interculturalité, nous comprenons d'emblée les différentes formes de difficultés auxquelles font face les peuples dans l'espace de cohabitation et de corrélation puisque les forces contradictoires ont du mal à se comprendre et à fusionner dans le sens communicationnel. Pourtant, il faut lever cet obscurcissement en ce sens que cette réalité de pléthore de langues et de cultures devrait au contraire être considérée comme une richesse, vu qu'elle contribue infailliblement au métissage linguistique et culturel, doublé d'enfants métissés issus pour ainsi dire des mariages mixtes dans cet environnement. Comment ne donc pas louer cette faveur que nous accorde l'univers? Certes, du point de vue de l'écriture, par le biais d'une langue autre que sa propre langue, le sujet écrivant se trouve lui-même buté face à cette nouveauté linguistique. Et, c'est pour répondre à une telle situation sociale que Jean-Claude Uwiringiyimana notait:

---

[11] Marie-Anne Paveau, in *L'analyse, linguistique du texte littéraire. Une fausse évidence. Le Français Aujourd'hui,* Armand Colin/Dunot:Association française des professeurs de français; Association française des enseignants de français, AFEF, 2011, p. 7, «hal-00660068»

« (...) Ce métissage aboutit à une sorte de création d'une langue dans une autre, ceci parce que les mots d'une langue d'écriture n'obéissent pas facilement à l'écrivain dans son parcours d'écriture. Quand il ne se lasse pas, il préfère «casser la langue» en la travaillant dans tous ses sens, dans toute sa structure, dans toute sa norme, jusqu'à ce qu'elle lui obéisse» [12]

[12] Jean-Claude,Uwiringiyimana <<Notre Librairie, Revue des littératures du Sud, Langues, langages, inventions>>, no 159, Juillet-Septembre 2005, P. 102

C'est pourquoi nous avons rappelé que les langues se complètent en dépit de toutes conceptions ou de points de vue. Cette complémentarité semble ainsi obéir à la logique de Dominique Maingueneau selon laquelle *«Il n'y a pas de langue littéraire. Il n'y a qu'un usage littéraire de la langue»*[13] De ce fait, à partir de là, cette nouvelle réalité sociale qui touche immédiatement la linguistique accroît le pouvoir, voire la puissance de la langue. Voilà ce qui justifie la position de Guillaume pour qui *« La puissance de la langue tend à s'accroître inexorablement, au détriment du contrôle du sujet, mais, paradoxalement, au bénéfice de ses capacités. »*[14]

La corrélation qui existe entre les langues fait en sorte qu'elles soient interdépendantes, du moins, partiellement, sinon sur le plan lexical essentiellement. La syntaxe ou la sémantique s'écartent de cette vision de la structure phrastique puisque, à ce niveau le clivage est grand, très énorme.

Au fait, si le français, l'espagnol, le catalan ou le portugais, pour ne citer que celles-ci, sont toutes des langues romanes, l'anglais, l'allemand, le suédois, le néerlandais sont des langues germaniques. Pour cela, chacune de ces langues présente

---

[13] Dominique Maingueneau, *Pragmatique pour le discours littéraire*, Paris, Nathan, 2001, p. 183

[14] Guillaume, *«La puissance de la langue tend à s'accroître inexorablement, au détriment du contrôle du sujet, mais, paradoxalement, au bénéfice de ses capacités.»* in M. Valette, *Linguistiques énonciatives et cognitives françaises*, (Honoré Champion Editeur, 2006), p. 74.

des spécificités qui lui sont propres. Cependant, sur le plan lexical, il y a incontestablement des emprunts, des similitudes du point de vue phonique, phonologique, créant parfois l'imbroglio, des confusions sonores de consonnes comme nous pouvons constater au travers des exemples suivants, particulièrement dans les langues germaniques. Nous avons précisé prématurément qu'il s'agit de la conséquence de la communauté linguistique favorisant de ce fait dans les milieux sociaux des faits de langage.

3.4. Le frottement ou le glissement des langues

ANGLAIS	*(significations en langue française)*	*ALLEMAND*
to drink	boire	*trinken*
the Patients	les patients	*die Patienten*
the football	le football	*das Fussball*
the kitchen	la cuisine	*die Küche*
the jacket	le blouson ou la blouse	*die Jacke*
to cook	cuisiner	*kochen*
to organize	organiser	*organisieren*
the organizations	des institutions	*die Organisationen*
the father	le père	*der Vater*
the mother	la mère	*die Mutter*

Cette présentation est loin d'être exhaustive, c'est tout simplement un exemple pris au hasard, parmi tant d'autres.

Pour ce qui est de l'emprunt, il est également possible de faire ressortir plusieurs mots exploités dans des langues différentes, mais appartenant à une langue-mère. Nous pouvons dans ce sens remarquer ce qui suit:

La langue française emprunte le mot «*piano*» de l'italien «*pianoforte*»

La langue anglaise emprunte les mots « *rendez-vous*» et «*milieu*»de la langue française.

De plus, le français emprunte le mot «weekend» de l'anglais.

Nous ne saurons insister sur cet aspect étant donné qu'en réalité, le foisonnement de langues en oblige; surtout que le père de la linguistique clarifiait hautement l'idée selon laquelle la langue «est la partie sociale du langage»[15] , *ce qui revient à dire que la langue demeure avant tout un fait de société et, comme telle, elle « (...) est une institution sociale»*[16]

De là, il suit que la langue est indéniable dans les rapports interpersonnels. En l'absence de cette dernière, les contacts tout comme la communication seraient mis en difficulté; le langage ou la parole, via la langue sont indispensables dans les corrélations, dans le vivre-ensemble. Comment peut-on envisager une société sans ces notions? C'est d'ailleurs en

---

15 Ferdinand de Saussure, Ibid. , p. 31

16 Ferdinand de Saussure, Ibid. , p. 33

soutenant la valeur essentielle du langage que Jean Giraudoux affirmait:

> «(…) le langage joue un rôle fondamental. Dans la philosophie kantienne notamment le langage est associé à la théorie de la connaissance: l'homme, confronté au monde, y introduit ce qui permet de penser en l'occurrence le langage. Le langage est donc considéré comme un acte de l'entendement impliquant la conscience du sujet en tant que pouvoir unificateur du divers»[17]

Compte tenu du fait que tout est centré sur les questions de langage et de langue, tout porterait à croire que les rapports unissant les hommes au sein d'une communauté demeurent fondamentalement axés sur la langue, parce qu'elle permet de transmettre et de véhiculer les messages dans le sens de la communication interpersonnelle ou sociale. Cependant, comment appréhender cette notion de communauté?

---

[17] Jean Giraudoux, *La crise du langage dans « La guerre de Troie n'aura pas lieu et Electre*, Paris, éditions l'Harmattan, 2010, Sources en ligne

4. COMMUNAUTÉ LINGUISTIQUE

Puisque nous parlons de la langue, il faudrait clarifier qu'il s'agit de façon générale de la communauté linguistique ou d'un groupe utilisant une même langue comme outil de communication et donc d'échanges; ce qui revient à la question du code. À ce sujet, Leonard Bloomfield avait apporté une définition en ce sens: *« Une communauté linguistique est un groupe de gens qui agit au moyen du discours »*[18]

Or, en considérant ce point de vue, on serait toujours situé dans une position problématique attendu que cette définition de la communauté linguistique nous paraît très exiguë. Sinon, comment et où faut-il classer les étrangers qui arrivent dans un Pays et qui voudraient s'intégrer socialement? Certes, la langue est un outil obligatoire pour une insertion sociale et pour une intégration réussie. Mais que dit-on des faits réels caractérisant les groupes sociaux? Il serait plutôt souhaitable de redéfinir et de repositionner ce que nous appelons «communauté linguistique», si on veut qu'elle prenne et qu'elle garde une valeur authentique, générale, compréhensive et libre de tous les doutes. Nous espérons que c'est dans ce sens qu'elle pourrait jouir d'une signification globale et irréprochable. C'est dans le souci d'apporter une purification à ce sujet sans cesse énigmatique

---

[18] Leonard Boomfield, *Le Langage,* Payot, Paris, 1970, p. 44

que le célèbre linguiste français Louis Jean-Calvet estime que:

> *«La seule façon de sortir de ces paradoxes est de sortir de la langue et de partir de la réalité sociale. Car en définissant le groupe par la langue, on entre dans un processus tautologique qui ne peut que masquer à l'analyse la multiplicité des rapports linguistiques, les imbrications des codes, c'est-à-dire la chair même de la communication sociale(...)»* [19]

À partir de là, nous apercevons qu'il conviendrait sans doute de réaffirmer le pouvoir de l'interculturalité qui semble, dans cette mouvance, coïncider avec les réalités sociales, c'est-à-dire avec le vécu quotidien de l'individu dans son environnent social, son contact avec le groupe auquel il appartient ou dont il aimerait faire partie. Justement parce que tout part de la communauté et on ne saurait parler de cette dernière sans faire référence au groupe. Chaque fois qu'on parle d'un groupe ou d'une communauté, on perçoit d'ores et déjà ses caractéristiques telles que: la langue, la culture ou la civilisation, le tout, relevant des comportements, des habitudes, de la manière de parler, de chanter, de s'organiser socialement ou culturellement, sans oublier la façon de recevoir ou de percevoir l'autrui. Tous ces critères entrent en ligne de compte, dans cette perspective. La culture, doublée de l'interculturalité aurait donc un pouvoir non négligeable

---

[19] Louis Jean Calvet, *La sociolinguistique, Que sais-je*? PUF, Paris, 1993, no 2731,

dans la vie communautaire, bien que cette notion de culture soit diversement définie. Malgré cette différenciation du point de vue définitionnel, elle reste comme telle.

Dans cette perspective, Claude Canet, donne une définition psycho-anthropologique de la culture de la manière suivante:

> «*ensemble de systèmes de significations propres à un groupe, significations prépondérantes qui apparaissent comme valeurs et donnent naissance à des règles et à des normes que le groupe conserve et s'efforce de transmettre et par lesquelles il se particularise, se différencie des groupes voisins. Ensemble de significations que tout individu est amené à assimiler, à recréer pour lui tout au long de sa vie. Ce sont les actualisations de ces interrelations entre les individus et les ensembles des significations détenues par la communauté ambiante qui constituent la culture dans son aspect dynamique. La culture c'est sans doute ce qui se fait et ce qui existe comme production de l'homme, mais c'est surtout et d'abord ce qui se fait et ce qui existe comme ayant du sens dans une communauté particulière. La culture peut être vue comme l'ensemble des formes imaginaires/symboliques qui médiatisent les relations d'un sujet aux autres et à lui-même, et plus largement au groupe et au contexte, réciproquement ces formes et structures de sens médiatisent les relations du contexte, du groupe, des autres ...au sujet singulier. C'est ainsi que l'individu qui s'est approprié ces formes en s'y identifiant, acquiert une identité culturelle*[20].*

---

[20] Claude Canet, *L'interculturel*, 1993, sources en ligne.

Aussi, tout laisse alors croire que chaque individu est le fruit de sa culture, de sa relation avec son groupe et de son espace vital où les liens se tissent et convergent vers un pôle unitaire favorisant la connaissance à travers la communication au sens large du terme. On peut également y voir les rites et les traditions présentes dans la plupart des sociétés africaines par exemple dont l'objectif est de transmettre un savoir ancestral, ou d'octroyer au sujet une position, c'est-à-dire un rang traditionnel. C'est une étape assez ardue, voire magique aux scènes et aventures mystérieuses, hyper occultes, mais plaines de richesses, culturellement parlant. Seuls les initiés sont appelés à transmettre cette forme de savoir-faire ancestrale aux jeunes ou aux sujets concernés devant assurer une certaine fonction au sein de leur communauté. Face à cette perplexité Émile Benveniste affirme:

> «*J'appelle culture le milieu humain, tout ce qui, par delà l'accomplissement des fonctions biologiques, donne à la vie et à l'activité humaine, FORME, SENS et CONTENU... La culture est un phénomène entièrement symbolique, elle se définit comme un ensemble très complexe de représentations, organisées par un code de relations et de valeurs : traditions, religion, lois, politique, éthique, arts, tout cela dont l'homme, où qu'il naisse, sera imprégné dans sa conscience la plus profonde et qui dirigera son comportement dans toutes les formes de son activité, qu'est-ce donc sinon un univers de symboles*»[21].

---

[21] Émile Benveniste, *Problèmes de linguistique générale*, Paris, Gallimard, 1974, sources en ligne

5. CHAMP DE LA LINGUISTIQUE ET DE L'INTERCULTURALITÉ

Nous avons clarifié plus haut l'importance de la langue chez les individus dans tous les domaines de la vie quotidienne. Puisque le milieu social regroupe et rassemble des communautés d'horizons divers, ce fait social provenant des facteurs historiques implique directement l'interculturalisme ainsi que le multilinguisme. Dans certaines régions du monde, on admet que la société s'agrandit, qu'elle se multiplie. Cependant, dans une situation comme celle-ci, tout le monde peut-il s'adapter facilement ?

5.1 Les étrangers : adaptation et insertion sociale

À travers cette démarche, on se rend compte que du point de vue social, la linguistique tout comme l'interculturalité ont fort à faire, justement en ce qui concerne le cadre communicationnel. Que ce soit la parole, le langage ou la langue, le facteur culturel, c'est-à-dire l'appartenance à une tribu par une identité singulière garde une touche particulièrement difficile à cerner. De plus, le comportement des individus est aussi lié à la fois à leurs origines(tribus ou ethnies, nationalités), à leur éducation et à leur environnement habituel.

Quant aux apatrides et aux émigrés, il faudrait revoir

à quel âge ils se sont retrouvés dans cet état critique de leur existence. Ici et de façon générale, les plus petits ont des facilités d'insertion, d'adaptation et d'intégration grâce à l'apprentissage rapide de la langue. Cet aspect est aidé par leur environnement social et culturel(jeunesse et milieu scolaire: jeux, chants, récits en passant par l'encadrement des enseignants). Ils s'adaptent vite à leur nouvelle société, nouveau groupe et sans doute définitivement vu que les enfants se font habilement et très rapidement des amis. Cela est naturel.

Par ailleurs, les plus âgés traînent derrière eux leurs vieux souvenirs mouchetés de sombres histoires parfois doulou-reuses, des responsabilités familiales et la peur de l'échec, socialement parlant. Conclusion: ils ont du mal à repartir à zéro. Sur le plan psychologique, il y a absence de prédispo-sition à apprendre une langue, outil de communication et d'intégration sociale par excellence.

Toutefois, il faut noter qu'avec le temps, l'étranger qui a appliqué la langue et qui a su embrasser la culture des autres n'est plus psychiquement et socialement étranger. Au contraire, il est redouté en ce sens qu'il sait dorénavant ce que le vulgaire ignore; mais aussi et surtout parce qu'il sait ce que le natif aurait voulu lui cacher. Dès lors, peut-il être envisagé comme un collaborateur; mais également comme un «ennemi», vu qu'il a la capacité de trahir et est alors considéré comme un potentiel «traître». La langue a pour ainsi dire un double jeu et le travail du linguiste demeure complexe, spécialement dans ce contexte de multiculturalisme où apparaît également une forme d'inventivité verbale conduisant par le fait même à la créativité littéraire, à l'enrichissement de la langue-même. Il s'agit là des néologismes semblant à première vue amusants, mais qui participent à l'enrichissement de la langue. Ceci étant, peut-on découvrir dans une langue mère telle que la langue française une pléthore de mots en provenance d'autres langues: le congolisme, le gabonisme, le camerounisme, voire la créolisation de la langue française. Cette nouveauté n'est nullement à exclure étant donné que c'est un processus d'enrichissement puisque écrire dans la langue française devient une occasion de créer en inventant de nouveaux mots. Et ceci est entièrement normal, entendu que ce sont les hommes qui sont au cœur du développement de la langue; en effet, ce sont les hommes qui, en pratiquant les langues chaque jour les rendent vivantes et les immortalisent. Une langue qui n'est pas mise en valeur par ses pratiquants est vouée à la disparition. Dès lors écrit-on «en français à la manière inventive, colorée métaphorique, humoristique de la langue créole», «*Le regard humain est un phare qui navigue*»; «*Le gris est le cendrier du soleil*»; «*Les vallées sont les soutien-gorge du vent*»; «*Le Diable, c'est la quatrième dimension des églises*»[22] Ce melting-pot linguistique amène le linguiste à revoir ou à explorer d'autres champs d'études, du point de vue méthodologique, car le langage et la langue

---

[22] Chazal, cité par Jean-Louis Joubert, in Notre Librairie, IBID, p. 63

deviennent alambiqués, malgré ce facteur d'enrichissement de la langue dans un contexte où les mots se bousculent sans cesse: créativité linguistique, inventivité, appropriation de la langue française. Il faut le faire parce que la langue reste inhérente à la société.

De ce point de vue, les linguistes d'hier et ceux de demain ou même ceux de ce jour auront constamment des visions et des points de vue contradictoires, à cause aussi de la différence qui existe entre diachronie et synchronie. La première consiste à analyser, c'est-à-dire à étudier les époques de l'évolution de la langue; ce qui relève ou émane de l'histoire. Pour ce qui est de la seconde, elle consiste à décrire les règles régissant le fonctionnement de la langue dans un contexte actuel, dans un moment précis. Voilà alors le hic.

Pour cette raison, ce travail fait sur la langue suscite de nombreuses interrogations. On pourrait, malgré d'énormes travaux de recherche élaborés par des linguistes de renom dont je préfère taire les noms, revenir à la question du départ: qu'est-ce que la linguistique et quel en est l'objet? Cela paraît étonnamment mystérieux. Mais c'est ainsi. Les textes de l'écrivain congolais Sony Labou Tansi ou de Ahmadou Kourouma, pour ne citer que ces deux, demeurent nettement démonstratifs, car on remarque la présence de nombreuses interférences. Dans son ouvrage intitulé *Languages in contact*, Uriel Weinreich nous en donne une définition simple:

« Le mot interférence désigne un remaniement de structures qui résulte de l'introduction d'éléments étrangers dans les domaines les plus fortement structurés de la langue, comme l'ensemble du système phonologique, une grande partie de la morphologie et de la syntaxe et certains domaines du vocabulaire (parenté, couleur, temps, etc.)» [23].

---

[23]   Uriel Weinreich, New York, 1953, publié chez Mouton, La Haye, 1963, *Languages in contact*, p. 1

5.2 Pour une perspective

La linguistique et l'interculturalité permettent de développer l'asociabilité des groupes pour une intégration parfaite ainsi que pour une communication fluide . La langue et la culture ouvrent les portes à la connaissance au sens large du terme: ce qui éloigne ou écarte le doute et les incertitudes donnant accès aux nouveaux horizons, créant dans ce cas un climat social axé sur la collaboration et les échanges. Les interrelations se fructifient avec facilité et aisance au sein des groupes communautaires, grâce notamment à ce carrefour linguistique plein de richesses. Il faudrait plutôt éluder les conflits potentiels des langues et des cultures afin d'asseoir et d'imposer une réelle communion communautaire en matière de linguistique. Sinon, cette dernière continuera de laisser voir ses nombreuses limites, si on s'en tient par exemple aux avancées de la sociolinguistique qui fait aussi partie des sciences du langage.

Dans cette posture, il ne faut pas oublier que la sociolinguistique s'occupe elle aussi des phénomènes tels que l'analyse du discours, via les situations ou jugements caractérisant les communautés linguistiques en milieu social, tout en insistant précisément sur l'examen, sur l'analyse de la langue ou du moins, du langage tout en tenant compte du contexte socioculturel; ce qui est assez louable pour cette discipline. On peut d'ailleurs observer et ce, de manière succincte quelques écarts existants entre la linguistique et la sociolinguistique.

Si la linguistique s'attelle à présenter une description de la langue de façon singulière et très fermée « système autonome », c'est-à-dire indépendante, souveraine, la sociolinguistique a pour préoccupation capitale la corrélation, l'interaction unissant chaque société, comprise comme communauté humaine tout court et les différentes productions linguistiques parmi lesquelles : les liens ou rapports existant entre l'identité et la langue, les liens sociaux au travers de l'analyse de la question de norme. En effet, avec la sociolinguistique, tous les aspects de la société comme les références ethniques et l'environnement social au sens géographique sont exploités. À cet effet, la sociolinguistique admet et envisage la langue comme *«un acte social»*. Aussi, peut-on saisir le sens de cette déclaration de BOYER H : *«La sociolinguistique prend en compte tous les phénomènes liés à l'homme parlant au sein d'une société»*[24]

En tout état de cause, nous pourrions tout simplement admettre qu'il faudrait sans doute réorienter les visées fondamentales et de façon enrichissante de la linguistique. Cependant, la linguistique et la sociolinguistique étant toutes des sciences du langage, elles sont appelées à se compléter pour résoudre les problèmes liés au langage et à la langue au sein des groupes et des communautés dans un espace

---

[24] BOYER, Henri, *Éléments de sociolinguistique : Langue, communication et société*, Dunod, (2ᵉ édition), 1996, sources en ligne.

particulier, c'est-à-dire dans un environnement social précis. Ceci parce que les concepts de culture et d'interculturalité referont perpétuellement surface dans la mesure où, parler de ces concepts, y compris de la langue, du langage, sans oublier la linguistique et la sociolinguistique revient *ipso facto* à s'interroger sur l'Homme, dans la mesure où tout ce travail est élaboré pour lui.

CONCLUSION

Toutes proportions gardées, notre principal objectif était d'étudier les rapports existant d'une part entre la linguistique, l'interculturalité et la sociolinguistique d'autre part. À partir de nos analyses, nous avons pu réunir un certain nombre de détails relatifs à cette recherche. Aussi, avons-nous constaté de chaque côté des implications fortes pour ce qui est de leurs valeurs, à travers leurs définitions primaires et surtout leurs objectifs fondamentaux. L'interculturalité, à travers les rapports des méthodes institutionnels engendrées via les corrélations ou les interactions culturelles au travers des échanges communes, participe à l'émergence de la communauté tout en resserrant l'aspect culturel des individus au sein du groupe, sans excepter leur identité. Quant à la sociolinguistique, elle progresse à coup sûr, par le biais de son objectif qui tient compte de la langue, de la société, des individus et du contexte. Pour ce qui est de la linguistique, à travers ce tour d'horizon, quelques problèmes liés à son émergence ont été notés. Nous souhaiterions que cette discipline, malgré ses nombreuses branches et en dépit de ce qu'elle a déjà fourni, puisse être redéfinie et recadrée pour essayer d'être beaucoup plus objective et puissante sur le plan global. Certes, la matérialisation dudit projet ne paraît pas aisée comme on pourrait présumer; néanmoins elle n'est pas difficile non plus. Seule la volonté doublée du dynamisme reste acclimatée pour consolider cet engagement. Et plus encore, la science n'a jamais été stable, parce qu'elle est dynamique, c'est-à-dire progressive, graduelle. De toutes les façons, la science en a besoin pour mieux satisfaire la société et donc l'humanité.

PART TWO: ENGLISH

Foreword

Dear readers, thank you for discovering these short pages.
I wish you an excellent reading

Honestly the language in one of the powerful signs of identity in each ethnic group and in this case, in the entire world. As a matter of fact, according to Saussure *'The langage is a treasure deposited by the practice of speech in the subjects belonging to the same community"*. Therefore Man was made to live with other in an environment of collaboration, rapprochement and exchange, in the broad sense of the term. We all want to learn a language, as we would like our children to appropriate foreign languages. In order to do so, it seems relevant to go to other. It was from this precise moment, I wanted to say of this cultural and linguistic friction that takes shape the concept of interculturality. That's at least my personal opinion. Focusing as much on language as on culture and society, sociolinguistics fits into this trend validly and imperturbably. In this attitude, linguistics, interculturality and sociolinguistics have a place of choice in intercommunity.

It is for this reason that I thought it is necessary to lead this small thoughtfulness around our concepts to discover at the same time their values and their limits. This can probably be talked about, but all sciences are far from objective, far from it. In fact, as far as the case concerning us is preoccupied, we are confronted with a linguistic and cultural ferment that forces us to think. Culture and language are rooted in our identity, our contact and our friction with each other, heard as a foreigner inevitably raise questions. But who is a foreigner? At first glance, we are all, paradoxically. The adequate answer to this question could only come from the context of the communication's situation. The exchanges and correlations in our societies are still not focused on the respect for ethical values, that is to say on the fervor of human dignity, despite the linguistic and cultural melting pot which characterize our society and indirectly the outgrowth of our environment.

As language sciences, linguistics and sociolinguistics have the duty to transform the community from the point of view of intellect and ethic. This task obviously falls to the linguist as well as to the sociolinguist, who are all concerned about the future of human being and indirectly the emergence of our surroundings.

In any case, learning and / or practicing the language is essential to all communities. Viewed in this way,

> *"Des recherches récentes ont même montré que le cerveau est plus programmé pour le multilinguisme que pour le monolinguisme. L'enfant bilingue a des compétences culturelles enrichies s'étendant au-delà du langage, et*

comprenant une diversité de comportements et de codes en fonction de l'environnement culturel dans lequel il se trouve. Le bilinguisme équilibré présente aussi des avantages au niveau cognitif, comme la facilité à comprendre d'autres langues, une plus grande flexibilité, et des capacités métalinguistiques nécessaires à l'apprentissage de la lecture"[25]

All this sequence doubled interculturality seems conducive to develop inter-community life and facilitate relationships of all kinds in all communities. At this rate, both intercultural issues are astronomical, as the aims of linguistics and sociolinguistics are immeasurable. Hence the importance of this autopsy.

Jean René MAFFO

Summary:

Our objective in this study is to demonstrate the contribution of these concepts in the profusion of languages and cultures within the groups or communities. We will examine the consequences of the interculturality in the intercommunal reports. We will also analyze the referred of the fundamental linguistics and sociolinguistics to discern on the one hand their contributions through their methods and see if as sciences, linguistics and sociolinguistics are involved in the same way in this profusion of language from the point of view

---

[25] Barbara Addelilah Bauer, *Le défi des enfants bilingues,* éd. , La Découverte, 2015, Online sources

of the language, of the speech, of the society, communication, the ethnic group, culture and context, on the other hand. Our questions will also be focused on their dichotomies.

Key words: Linguistics, culture, interculturality, society, sociolinguistics, multilingualism, multiculturalism

When we talk about the linguistics, we instantly see the language which is so to say the tool of communication in humans essentially, of course. It inevitably follows the concept of articulated language. We insist on this point precisely because animals themselves will also communicate to each other thanks to the sounds that they emit. This being, in order to better understand our subject, we would like to define as simply as possible the fundamental terms of this exercise.

5.3. DEFINITION OF WORDS

5.3.1. Linguistics

In general, the Linguistics is the study in both scientific and explanatory of the language and in this perspective, Jean Dubois presents this aspect of a remarkable way:

"On s'accorde généralement à reconnaître que le statut de la linguistique comme étude scientifique du langage est assuré par la publication en 1916 du Cours de linguistique générale de Ferdinand de Saussure. À partir de cette date. Toute étude linguistique sera définie comme apparue avant ou après Saussure"[26].

From this point of view, it is therefore precisely clear that the language is a science which the basic goal remains the study of phenomena related to the language and by extension to languages in general. What returns to confirm that:*»La linguistique a pour unique objet la langue envisagée en elle-même et pour elle-même"*[27].

---

[26] Jean Dubois, *Dictionnaire de linguistique*, Larousse,Paris, 2001, p. 300

[27] Ferdinand de Saussure, *Cours de linguistique générale,* éd., Payot, 1916, p. 3017

5.3.2 Applied Linguistics

Applied Linguistics too, although it also pays attention to the language, it is based and focuses on the different social practices of languages and in turn, on the language. It is in this case marked by all aspects of the language. And as we have already specified above, it puts a particular emphasis on the study of phenomena related to the human; i.e. the questions associated to the existence and specifically the professional life or simply the realities of daily life; it is of the reports and/ or contacts in the socio-professionals; in all cases, the Applied Linguistics highlights the language. Wheter it is from the point of view of the technical writing, of the didactics of languages or even of the translation, all these aspects are unavoidably part of the applied linguistics. Moreover, it is necessary to recall here that the applied linguistics is interdisciplinary in the sense that it keeps the place of choice to the various social aspects, or even psychological. For this reason, the word, the language or the speech are acts of individual almost likely to be analyzed, interpreted or translated, given that it is a question of communication and information.

This can occur in situational contexts quite different from each other. First and foremost, we think of the monologue: an individual act focused on the psychological aspects of the subject. Then comes the dialog act involving several individuals and where the situation of the communication is open and direct, if the climate and / or the context allows: total absence of absurd characteristics that could create incommunication, according to the fact that the discourse of the absurd would distort the stakes of the communication, whether is the speech absurd or absurdity of speech. It is therefore necessary, in this communicative environment to remove doubt.

5.3.3 Interculturality

The interculturality presents itself as the whole movement of communities, i.e. groups or institutions generated by contacts of various cultures in the reports of exchanges. The reciprocal relationships that flow from that can either be conflicting or harmonious. Nevertheless, this is the first case that is most often found in the measure where the reports are regularly those of force because of the desire to safeguard the concept of cultural identity of a side as on the other works without flourish. In fact, the meetings of languages, cultures or civilizations does facilitate still not trade, precisely because of misunderstanding, status, but especially the question of difference, invariably accompanied by the taxonomy of the values generated in turn by the appetite of the famous nationalism. Consequently, it is the effect of shock which takes over at this level, unfortunately. From there, it comes that some cultures are extremely valued at the expense of others which are sometimes even regarded as inferior. Observed on this way, this unfortunate and negative influences dangerously on the reports of exchanges or interrelationships. However the interculturality always goes together with multiculturalism and multilingualism.A real paradox. We will come back to this point later.

5.3.4 Sociolinguistics

The Sociolinguistics refers to the linguistic since it takes support on the relationship between the language, society and the question of identity; in addition, it admits in its representations that the language remains a «*social act*». It is in this context that William Labov, one of the seasoned specialists in the matter considers «*qu'il s'agit là tout simplement de la linguistique*»[3]

At present, we have almost understood or at least, identified the meaning or significance of the components of our theme. Also, we must admit that the linguistic, associated with the interculturality and the sociolinguistics allows each one-on-one to discover and understand the phenomena of groups or communities in the reports of exchanges: languages, cultures and communication.

Thus, as a communication tool, the language opens the doors in all areas: in education, e.e national and international studies, scientific research; it develps contacts and meetings. According to this, we can appreciate this declaration:

> *"Language is one of the most universal and diverse forms*
> *of expression of human culture, and perhaps even the most*
> *essential one. It is at the heart of issues of identity, memory*
> *and transmission of knowledge. Linguistic diversity is*
> *likewise a reflection of cultural diversity and cannot be*

precisely quantified or categorized. Bilingualism and multilingualism are a consequence of linguistic diversity on an individual or collective level, and refer to the use of more than one language in a daily life"[28]

Therefore, language plays a key social with education and the movement of people today. I think that language truly has an educational value. Certainly, the language is not a book to offer us this value. But books are written in a specific language. For this reason, speaking several languages, it is out of his ignorance, his isolation, his confinement, for the benefit of the knowledge, the pursuit of knowledge and discovery in all domains.

De Florio-Hansen doesn't forget this flourishing aspect of the language:

„Man kann sich mit Menschen aus anderen Ländern unterhalten ''(...)„Es macht Spaß, sich auf anderer Weise mit Menschen kontaktieren zu können. (...) Man kann neue Personen kennen lernen."[29]

---

[28] *UNESCO Guidelines on Intercultural Education, UNESCO Section of Education for Peace and Human Rights, Division for the Promotion of Quality Education, Education Sector,* Paris, (ED-2006/WS/59)-CLD29366,p. 13

[29] *De Florio-Hansen, Interkulturalität und Mehrsprachikeit,* Band 2, S. 101

6. TOWARD THE MEETINGS AND CONTACTS

It is not uncommon to note this cleavage within the different communities who are trying to intersect, and who want to collaborate, but who deviate more of each other because of the factors which are very often linked to certain groups and which make the relations difficult. The movements of populations and therefore long journeys as well as migration leave see situations frankly chaotic, both from the point of view of culture, identity and consequently communicational. Being foreigner in a new land, that is to say land of home requires to see and to consider the world and life otherwise. But it is an unavoidable social fact; whether we wish or not because as claimed by the philosopher Aristotle:*»L'homme est un animal politique»*[30] That is why questioning on the reports governing life in communities, Julia Kristeva pointed out:

---

[30] Labov, William, *Sociolinguistique,* Minuit, paris, 1976, p. 258

"Étrangement, l'étranger nous habite : il est la face cachée de notre identité ...De le reconnaître en nous, nous nous épargnons de le détester en lui-même. Symptôme qui rend précisément le « nous » problématique, peut-être impossible, l'étranger commence lorsque surgit la conscience de ma différence et s'achève lorsque nous nous reconnaissons tous étrangers, rebelles aux liens et aux communautés."[31].

---

[31] Julia, Kristeva, Étrangers *à nous-mêmes,* Fayard, Paris, 1998, Online sources

7. THE CONFLICTS OF LANGUAGES AND CULTURES IN THE SO-CALLED MODERN SOCIETIES

Generally speaking, in developed countries where several social groups, ie different nationalities live there are undoubtedly conflicts in the linguistic and cultural fields. In many cases, the foreigner gradually loses his language and seems to ignore certain aspects of his culture of origin because he would like to adopt the foreign culture, that of his new host country. But very often, it is because this stranger is in a state of weakness. His culture is completely devalued; however, it is he who is frowned upon and misperceived: he is inferior to others, by his culture and race. This social aspect often leads to a certain distance or cultural erasure, also because of the linguistic and political domination. This is to think because each man, despite the color of his skin is associated with a culture that characterizes him and makes him what he is. Whether he accepts it or not. One can not forget its origins: our culture and our ethnicity are our identity marks; it is about an unshakable heritage.

7.1. A wobby social perception

Sometimes some authorities want to facilitate the integration of foreigners while wanting to teach them the language, understood as the tool for communication and exchange, they sometimes develop against them the feeling of rejection which is born of the impression or feeling a frustration, a disgust inciting a downturn on itself and to the abandonment. As a matter of fact, the communities and the welcoming countries receiving a large number of foreigners are not constantly ready to promote social cohesion, despite the efforts made in the purpose of the accept as such. In fact, teaching them this language is not enough. It is important and even necessary, in the philosophical sense of the word, to also recognize their own cultural values, instead **of** seeing in them people who are confused and therefore lower. This way of perceiving things false *ipso facto* the human relationships in the field of intercultural communication and communion, because it is first of all the together life which deserves the mutual respect. Seen on this angle, the questions of cultural identity and the interculturality then find themselves excluded from the vital circle exactly because there is a blockage, an obstruction.

Yet, the recognition and the respect of each other according to the definition that we offer, Maletzke Gerhard should illuminate all the actors present here:

"Quand des personnes de cultures différentes se rencontrent,
nous qualifions les processus qui sont alors impliqués de
" communication interculturelle" ou bien d"interaction
interculturelle" (…). Nous utilisons ces deux termes lorsque
les partenaires de cultures différentes sont conscients du fait
que l'autre est vraiment différent et qu'ils se connaissent
réciproquement leur altérité"[32]

From there, it comes that the misunderstanding was born from the ignorance of other or the inequality of cultures, or even of the races, if one can say as well raises as soon when multiple issues related to the phenomena of communities. Next to this attitude sum any deplorable; we must not lose sight of the idea according to which those who would like to be integrated into new societies do not give themselves the chance or then are not predisposed to adapt to their new environments: they are both foreigners geographically and to the modern languages. In addition, they are also facing the new cultures, or even to social legislation. As we have previously reported, it is added to the notion of difference. The weakest are very often the victims of the Contempt ranging from a simple next to chosification. in verbal acts of violence. According to this, the foreigner, in his new society or Country of reception is every day victim of strange situations

---

[32] Gerhard, Maletzke, *Interkulturelle Kommunikation zur Interaktion zwischen verschiedener Kulturen*, Opladen, West-deutscher, Verlag, 1996, Online sources

that absolutely traumatize him. Here is therefore a brake, an obstacle to the interculturality, to the willingness, the idea of together-living.

7.2 Nationalism and realities of conflicts

Through nationalism, the interculturality would rather let see forces which confront one another and that fight non-stop, each for its survival, thank to the wish and the mental faculty of domination; because the language is also the tool of taxation and force. Teaching his language and his culture to others is always to be obvious, it is to prevail and even to apostatize other. The cultural correlations such as noticed in numerous situations of communication between members having different cultures always tend to tear. And they forever need this cohabitation for exchanges; what plunges the man in the crossroad of languages, cultures and civilizations.

7.3. Relationships between interculturality and creative writing

It is a melting pot involving multilingualism, even if these encounters, this profusion of languages, this cultural profusion sometimes and often create confusion in the situations of speech or writing. Precisely because foreign languages are different from mother tongues that are acquired from birth and which are an integral part of cultural identity, even national. This is what characterizes colonial, post-colonial and migration writing. We can also understand these words of Ahmadou Kourouma: *"Je cherche à écrire le français tout en continuant à penser dans ma langue maternelle"*[33]

When one writes in one's mother tongue, one has nothing to look for elsewhere, one does not force nothing; it is or should be genetically anchored in each of us, without our being able to control it, as we learn to use foreign languages. Moreover, it seems to me that Marie-Anne Paveau clearly states the situation in these terms *"(...) on ne «maîtrise» pas sa langue, on l'habite, on l'incarne, on la visite, et toutes les métaphores valent mieux que cette illusion de la «maîtrise»*[34].

In this context of interculturality, we understand from the outset the different forms of difficulties that people face in the space of cohabitation and correlation since the contradictory forces have difficulty understanding and merging in the communicative sense. However, we must remove this obscurity in the sense that this reality of the plethora of languages and cultures should instead be considered as a wealth, since it inevitably contributes to the linguistic and cultural mixing, doubled of mixed children

---

[33] Kourouma, Ahmadou, *Écrire en français, penser dans la langue maternelle, in Études françaises,*no33, Montréal, 1997, p. 263, 364

[34] Anne-Marie Paveau, in *L´analyse, linguistique du texte littéraire. Une fausse évidence. Le Français Aujourd'hui´hui*, Armand Colin/Dunot: Association française des professeurs de français, Association frqncaise des enseignants de francais, AFEF, 2011, p, 7, "hal-00660068 "

coming out as it were mixed marriages in this environment. How can we not praise the favor the universe gives us? Certainly, from the point of view of writing, by means of a language other than his own language, the writing subject is himself stubborn against this linguistic novelty. And, it is to answer such a social situation that Jean-Claude Uwiringiyimana noted:

> *"(...)Ce métissage aboutit à une sorte de création d'une langue dans une autre, ceci parce que les mots d'une langue d'écriture n'obéissent pas facilement à l'écrivain dans son parcours d'écriture. Quand il ne se lasse pas, il préfère «casser la langue» en la travaillant dans tous ses sens , dans toute sa structure, dans toute sa norme, jusqu'à ce qu'elle lui obéisse"*[35]

That is why we recalled that the languages complement each other despite all conceptions or points of view. This complementarity seems to follow the logic of Dominique Maingueneau who argues that *"Il n'y a pas de langue littéraire. Il n'y a qu'un usage littéraire de la langue"*[36]

Hence, from this point of view, this new social reality, which immediately affects linguistics, increases the power and even the power of language. This justifies the position

---

[35] Jean-Claude, Uwiringgiyimana, "Notre Librairie, Revue des littératures du Sud, Langues, langages, inventions", no 159, Juillet-Septembre 2005, p. 1002

[36] Dominique Maingueneau, *Pragmatique pour le discours littéraire*, Paris, Nathan, 2001, p. 183

of Guillaume for whom *"La puissance de la langue tend* à *s'accroître inexorablement, au détriment du contrôle du sujet, mais, paradoxalement, au bénéfice de ses capacités '* '[37]

The correlation between languages makes them interdependent, at least partially, if not essentially lexically. The syntax or the semantics deviate from this vision of the phrasal structure since, at this level, the cleavage is large, very enormous.

By the way, if French, Spanish, Catalan or Portuguese, to name but a few, are all Romance languages, English, German, Swedish, Dutch are Germanic languages. For this, each of these languages has its own specificities. However, lexically, there are undoubtedly borrowing, phonic similarities, phonological, sometimes creating the imbroglio, sonic confusions of consonants as we can see through the following examples, particularly in the Germanic languages. We have stated prematurely that this is the consequence of the linguistic community thus favoring in the social circles of the facts of language.

---

[37] Guillaume, " *La puissance de la langue tend à s'accroître inexorablement, au détriment du contrôle du sujet, mais, paradoxalement, au bénéfice de ses capacités."* in M. Valette, *Linguistiques énonciatives et cognitives françaises*, (Honoré Champion Editeur, 2006), p. 74.

7.4. The friction and sliding of Languages

ENGLISH	(meanings in french)	GERMAN
to drink	boire	trinken
the Patients	les patients	die Patienten
the football	le football	das Fussball
the kitchen	la cuisine	die Küche
the jacket	le blouson ou la blouse	die Jacke
to cook	cuisiner	kochen
to organize	organiser	organisieren
the organizations	des institutions	die Organisationen
the father	le père	der Vater
the mother	la mère	die Mutter

This demonstration is far to be exhaustive, it is only an example taken in hazard among many other. Concerning the borrowing or the appropriation it is also possible to show many other words that are used in different languages, but which belong to a specific language. In this sense, we can notice the following:

The French language borrows the word "*piano*" from Italian; it is an abbreviation of "*pianoforte*" which means "soft"

The English language borrows the word "*rendezvous*"

"appointment" and also the word "milieu" from the French language.

In addition, the French language borrows the word "*weekend*" from English.

We can not insist on this aspect since in reality, the profusion of languages requires; especially since the father of the linguistics highly clarified the idea that the language *"est la partie sociale du langage"*[38] which means that the language remains above all, the fact of society and, as such, it *"(...) is a social institution"*[39]. From there, it follows that language is undeniable in interpersonal relationships. In the absence of the latter, contacts as well as communication would be put in difficulty; language or speech are indispensable in correlations, in the living together. How can we envision a society without these notions? It is also by supporting the essential value of the language that Jean Giraudoux said:

> *"(...)le langage joue un rôle fondamental. Dans la philosophie kantienne notamment le langage est associé à la théorie de la connaissance: l'homme, confronté au monde, y introduit ce qui permet de penser en l'occurrence le langage. Le langage est donc considéré comme un acte de l'entendement impliquant la conscience du sujet en tant que pouvoir unificateur du divers"*[40]

---

[38] Ferdinad de Saussure, Ibid, p. 31

[39] Ferdinand de Saussure, Ibid, p.33

[40] Jean Giraudoux, *La crise du langage dans* "*La guerre de Troie n'aura pas lieu et Electre*", Paris, éditions l'Harmattan, 2010, sources en ligne

Acknowledged the fact that everything is centered on the questions of language and everything would lead one to believe that the relations uniting men in a community remains fundamentally language-eccentric because it conveys and expresses messages in the sense of interpersonal or social communication. However, how to apprehend this notion of community?

8. LINGUISTIC COMMUNITY

According to the fact that we speak about language, it should be clarified that it is generally about the linguistic community or a group using the same language as the tool of communication and hence of exchanges; which comes back to the question of the code. In this regard, Leonard Bloomfield had made a definition in this sense: *"Une communauté linguistique est un groupe de gens qui agit au moyen du discours"*.[41]

Considering this point of view, we would always be in a problematic position. The definition of the linguistic community seems to be very little. If not, how and where should foreigners arriving in a country be classified and who would like to be socially integrated? Admittedly, language is a mandatory tool for social integration and successful integration. But what do we say about the real facts characterizing social groups? It would be rather desirable to redefine and reposition what we call "linguistic community", if we want it to take and keep an authentic, general, comprehensive value and free from all doubts. We hope that it is in this sense that it could enjoy a global and irreproachable meaning. It is in order to bring a purification on this subject constantly enigmatic that the famous French linguist Louis Jean-Calvet considers that:

---

[41] Leonard, Bloomfield, *Le langage*, Payot, Paris, 1970, p. 44

"La seule façon de sortir de ces paradoxes est de sortir de la langue et de partir de la réalité sociale. Car en définissant le groupe par la langue, on entre dans un processus tautologique qui ne peut que masquer à l'analyse la multiplicité des rapports linguistiques, les imbrications des codes, c'est-à-dire la chair même de la communication sociale(...)"[42]

From this point, we see that it would probably be appropriate to reaffirm the power of interculturality, which seems to co-occur with social realities, that is, with the daily life of the world. individual in his social environment, his contact with the group to which he belongs to or of which he would like to be a part. Because everything is part of the community and we can not talk about the community without referring to the group. Whenever we speak of a group or a community, we already perceive its characteristics such as: language, culture or civilization, all, pertaining to behaviors, habits, the way to speak, to sing, to organize socially or culturally, without forgetting how to receive or to perceive others. All of these criteria come into consideration in this perspective. Culture, coupled with interculturality, would therefore have a significant power in the community life, although this concept of culture is variously defined. Despite this differentiation from the point of view of definition, it remains as such. In this perspective, Claude Canet, gives a psycho-anthropological

---

[42] Louis Jean Calvet, *La sociolinguistique, Que sais-je*? PUF, Paris, 1993, no 2731

definition of culture in the following way:

"ensemble de systèmes de significations propres à un groupe, significations prépondérantes qui apparaissent comme valeurs et donnent naissance à des règles et à des normes que le groupe conserve et s'efforce de transmettre et par lesquelles il se particularise, se différencie des groupes voisins. Ensemble de significations que tout individu est amené à assimiler, à recréer pour lui tout au long de sa vie. Ce sont les actualisations de ces interrelations entre les individus et les ensembles des significations détenues par la communauté ambiante qui constituent la culture dans son aspect dynamique. La culture c'est sans doute ce qui se fait et ce qui existe comme production de l'homme, mais c'est surtout et d'abord ce qui se fait et ce qui existe comme ayant du sens dans une communauté particulière. La culture peut être vue comme l'ensemble des formes imaginaires/symboliques qui médiatisent les relations d'un sujet aux autres et à lui-même, et plus largement au groupe et au contexte, réciproquement ces formes et structures de sens médiatisent les relations du contexte, du groupe, des autres ...au sujet singulier. C'est ainsi que l'individu qui s'est approprié ces formes en s'y identifiant, acquiert une identité culturelle"[43].

Hence, everything then suggests that each individual is the fruit of his culture, of his relationship with his group and of

---

[43] Claude, Canet, *L'interculturel*, 1993, online sources

his vital space where ties are woven and converge towards a unitary pole promoting knowledge through communication in the broadest sense of the term. . One can also see the rites and traditions present in most African societies for example whose purpose is to transmit ancestral knowledge, or to grant the subject a position, that is to say a traditional rank. It is a difficult stage, even magical scenes and mysterious adventures, super occult, but plains of wealth, culturally speaking. Only the initiates are called upon to pass on this form of ancestral know-how to young people or to the subjects concerned to ensure a certain function within their community. According to this perplexity Émile Benveniste argues that:

> *"J'appelle culture le milieu humain, tout ce qui, par delà l'accomplissement des fonctions biologiques, donne à la vie et à l'activité humaine, FORME, SENS et CONTENU... La culture est un phénomène entièrement symbolique, elle se définit comme un ensemble très complexe de représentations, organisées par un code de relations et de valeurs : traditions, religion, lois, politique, éthique, arts, tout cela dont l'homme, où qu'il naisse, sera imprégné dans sa conscience la plus profonde et qui dirigera son comportement dans toutes les formes de son activité, qu'est-ce donc sinon un univers de symboles"*[44]

---

[44] Emile, Benveniste, *Problèmes de linguistique générale*, Paris, Gallimard, 1974

9. FIELD OF LINGUISTICS AND INTERCULTURALITY

We have clarified above the importance of language in individuals in all areas of daily life. Since the social milieu brings together and brings together communities from diverse backgrounds, this social fact stemming from historical factors directly implies interculturalism as well as multilingualism. In some parts of the world, we admit that society is growing and multiplying. However, in a situation like this, can anyone adapt easily?

9.1. The Foreigners: Adaptation and Social Integration

Through this approach, we realize that from a social point of view, both linguistics and interculturality have a lot to do, exactly with regard to the communication framework. Whether speaking, language , the cultural factors, that is to say the fact of belonging to a tribe by a singular identity keeps a touch particularly difficult to identify. In addition, the behavior of individuals is also related to both their origins (tribes or ethnic groups, nationalities), their education and their usual environment.

As for stateless or homeless persons and emigrants, it would be necessary to reconsider at what age they found themselves in this critical state of their existence. Here and in a general way, the little ones, the young persons have facilities of insertion, adaptation and integration, thanks to the fast learning of the language. This aspect is helped by their social and cultural environment (youth and school environment: games, songs, multilingualism and multiculturalism, stories and teacher coaching). They quickly adapt to their new society, new group and no doubt definitively because children are very skilful and also very quickly friend. This is natural.

On the other hand, the older ones are trailing behind them their old memories speckled with somber, melancholy, and uncheerful stories that are sometimes painful, family responsibilities and the fear of failure, socially speaking. Conclusion: they have trouble starting from scratch. At the psychological level, there is no predisposition to learn a language,communication tool and social integration are out of their mind. However, it should be noted that over time, the foreigner who has applied and really master the language and has embraced the culture of others is no longer psychically and socially a out lander. On the contrary, he is dreaded in that he knows from now on what the vulgar ignores; but also and above all because he knows what the native would have wanted to hide.

Therefore, he can be considered as a collaborator; but also as an «*enemy*», since he has the capacity to betray and is then considered as a potential «*traitor*». The language has, so to express, a double game and the work of the linguist remains complex, especially in this context of multiculturalism where a form of verbal inventiveness also appears, leading at the same time to literary creativity, to the enrichment of the language. These are neologisms that seem at first sight amusing, but which contribute to the improvement of the language. This being so, we can discover in a mother tongue such as the French language a plethora of words from other languages: Congolism, Gabonism, Cameroon, or even the creolization of the French language. This novelty can not be ruled out since it is a process of enrichment since writing in the French language becomes an opportunity to create by inventing new words. And this is entirely normal, since men are at the heart of the development of language; indeed, it is men who, by practicing langages every day, make them alive and immortalize them. A language that is not highlighted by its practitioners is doomed to disappear. Therefore, one writes «*in French in the inventive way, colored metaphorical, humorous of the Creole language*», «*Le regard humain est un phare qui navigue*"; "*Le gris est le cendrier du soleil*"; "*Les vallées sont les soutien-gorge du vent*"; "*Le Diable, c'est la quatrième dimension des églises*"[45]

This linguistic melting pot invites the linguist to revisit or explore other fields of study, from a methodological point of view, because language and speech become

---

[45] Chazal, cited by Jean-Louis Joubert, in "Notre librairie", opcit, p. 63

convoluted, despite this factor of enrichment of the language in the context where the words jostle each other incessantly: linguistic creativity, inventiveness, appropriation of the French language. It must be done because the langage remains inherent and therefore implicit in the society.

From this point of view, the linguists of yesterday and those of tomorrow or even those of today will constantly have conflicting visions and points of view, also because of the difference between diachrony and synchrony. The first is to analyze, that is to say, to study the periods of the evolution of language; what comes up or emanates from the story. As for the second, it consists in describing the rules governing the functioning of the language in a current context, at a precise moment. That is the rub.

For this reason, this work on the language raises many questions. In spite of the enormous research work carried out by renowned linguists, whose names I prefer not to mention, one could go back to the question of the beginning: what is linguistics and what is its object? It sounds surprisingly mysterious. But it is so. The texts of the Congolese writer Sony Labou Tansi or Ahmadou Kourouma, to mention only these two, remain clearly demonstrative, because we notice the presence of many interferences. In his book *Languages in contact*, Uriel Weinreich gives us a simple definition:

"Le mot interférence désigne un remaniement de structures qui résulte de l'introduction d'éléments étrangers dans les domaines les plus fortement structurés de la langue, comme l'ensemble du système phonologique, une grande partie de la morphologie et de la syntaxe et certains domaines du vocabulaire (parenté, couleur, temps, etc.)"[46]

9.2 For a perspective

Linguistics and interculturality make it possible to develop groups asociability for perfect integration as well as for fluid communication. Language and culture open the doors to knowledge in the broadest sense of the word: this fact removes or eliminates doubt and uncertainty, giving access to new horizons, creating in this case a social climate based on collaboration and exchange. Interrelationship flourishes with ease and simplicity within community groups, thanks in particular to this rich linguistic crossroads. Rather, the potential conflicts of langages and cultures should be avoided in order to establish and impose a real communion on linguistics. Otherwise, it will continue to show its many limitations, if we stick to the advances of sociolinguistics, which is also athe part of the langage sciences.

In this position, we must not forget that sociolinguistics also deals with phenomena such as the analysis of discourse, through the situations or judgments that characterize the

---

[46] Uriel Weinreich, New York, 1953, publié chez Mouton, La Haye, 1963, *Languages in contact,* p. 1

linguistic communities in the social milieu, while precisely insisting on the examination, on the analysis of language or at least, language while taking into making known the socio-cultural context; which is laudable enough for this discipline. We can also observe, in a succinct way, some existing gaps between linguistics and sociolinguistics. If linguistics strives to present a description of the language in a singular and very closed way «*independent system*», that means independent, sovereign, sociolinguistics has for primary concern the correlation, the interaction uniting each society , understood as a human community and the various linguistic productions among which: the links or relations existing between the identity and the language, the social links through the analysis of the question of norm. Indeed, with sociolinguistics, all aspects of society such as ethnic references and the social environment in the geographical sense are exploited. For this purpose, sociolinguistics admits and sees language as «*a social act*». Consequently we can also understand the meaning of this statement of BOYER: *"La sociolinguistique prend en compte tous les phénomènes liés à l'homme parlant au sein d'une société"*[47]

In any case, we could simply admit that it would undoubtedly be necessary to reorient the fundamental and enriching the aims of linguistics. However, since linguistics and sociolinguistics are all the sciences of language , they are called

---

[47] BOYER, Henri, *Éléments de sociolinguistique: Langue, communication et société*, Dunot, 1996, (2e édition), sources en ligne

upon to complement one another in solving problems related to language and speech within groups and communities in a particular space, that is, in a specific social environment. This is because the concepts of culture and interculturality will always come back to the surface as, to speak of these concepts, including language, speech, without forgetting linguistics and sociolinguistics, comes back *ipso facto* to the question of Man, to the extent that all this work is developed for him.

CONCLUSION

Finally, our main objective was to study the relationships between linguistics, interculturality and sociolinguistics on the one hand. From our analyzes, we were able to gather a number of details related to this research. Also, we have seen on each side strong implications for their values, through their primary definitions and especially their fundamental objectives. Interculturality, through the relations of institutional methods generated through with correlations or cultural interactions through common exchanges, contributes to the emergence of the community while tightening the cultural aspect of individuals within the group, without exception their identity. As for sociolinguistics, it progresses for sure, through its objective that takes into account language, society, individuals and context. As for linguistics, through this overview, some problems related to its emergence have been noted. We would hope that this discipline, despite its many branches and despite what it has already provided, can be redefined and reframed in order to try to be much more objective and powerful at the global level. Admittedly, the materialization of this project does not seem easy as one might presume; nevertheless, it is not difficult either. Only the doubled will of the dynamism remains acclimatized to consolidate this commitment. And even more, science has never been stable, because it is dynamic, that is, progressive, gradual. In any case, science needs it to better satisfy the society and therefore the humanity.

PART THREE: DEUTSCH

Vorwort

Liebe Leserinnen und Leser, vielen Dank, dass Sie diese kurzen Seiten entdecken.
Ich wünsche Ihnen eine gute Lektüre.

Ehrlich gesagt, Sprache bleibt eine der mächtigsten Identitätsmarken in jeder ethnischen Gruppe weltweit. Saussure zufolge ist die *„Sprache ein Schatz, der durch die Ausübung von Sprache in Subjekten der gleichen Gemeinschaft abgelegt wird".* Aber der Mensch ist dazu geschaffen, mit seinen Mitmenschen in einem Umfeld von Zusammenarbeit, Annäherung und Austausch im weitesten Sinne zu leben. Wir alle wollen eine Sprache lernen, weil wir möchten, dass sich unsere Kinder Fremdsprachen aneignen. Oder es scheint wichtig, dass wir uns zum anderen begeben. Von genau diesem Moment an wollte ich von dieser kulturellen und sprachlichen Reibung sprechen, die das Konzept der Interkulturalität prägt. Das ist zumindest meine persönliche Meinung. Die Soziolinguistik, die sich sowohl auf die Sprache als auch auf Kultur und Gesellschaft konzentriert, passt in diesen Trend gültig und unerschütterlich. In dieser Haltung haben Linguistik, Interkulturalität und Soziolinguistik einen Platz der Wahl in den Beziehungen zwischen den Gemeinschaften.

Aus diesem Grund hielt ich es für notwendig, diese kleine Reflexion über unsere Konzepte zu führen, um gleichzeitig ihre Werte und ihre Grenzen zu entdecken. Dies kann wahrscheinlich diskutiert werden, aber alle Wissenschaften sind weit davon entfernt, objektiv zu sein, weit entfernt davon. Was den uns betreffenden Fall anbelangt, so sehen wir uns mit einem sprachlichen und kulturellen Ferment konfrontiert, das zum Nachdenken zwingt. Kultur und Sprache sind in unserer Identität verwurzelt, unser Kontakt und unsere Friktion miteinander, gehört als Ausländer zwangsläufig zu Fragen. Aber wer ist fremd? Auf den ersten Blick sind wir alle paradoxerweise. Die angemessene Antwort auf diese Frage könnte nur aus dem Kontext der Kommunikationssituation kommen. Austausch und Korrelationen in unseren Gesellschaften sind nach wie vor nicht für ethische Werte auf Respekt konzentriert, das heißt, auf der Glut der Menschenwürde, trotz der sprachlichen und kulturellen Schmelztiegel, die unsere soziale Umwelt charakterisieren.

Sprache und Soziolinguistik sind als Sprachwissenschaft verpflichtet, die Gemeinschaft aus der Sicht von Intellekt und Ethik zu transformieren. Diese Aufgabe fällt natürlich sowohl dem Linguisten als auch dem Soziolinguisten zu, die sich alle Sorgen um die Zukunft des Menschen und indirekt über die Entstehung unseres Phalansteriums machen.

In jedem Fall ist das Erlernen und/oder Üben der Sprache für alle Gemeinschaften unerlässlich. Auf diese Weise verstehen wir diese Ahnung:

> *„Des recherches récentes ont même montré que le cerveau est plus programmé pour le multilinguisme que pour le monolinguisme. L'enfant bilingue a des compétences culturelles enrichies s'étendant au-delà du langage, et comprenant une diversité de comportements et de codes en fonction de l'environnement culturel dans lequel il se trouve. Le bilinguisme équilibré présente aussi des avantages au niveau cognitif, comme la facilité à comprendre d'autres langues, une plus grande flexibilité, et des capacités métalinguistiques nécessaires à l'apprentissage de la lecture"*[48]

Alle diese Verknüpfung von Interkulturalität scheint förderlich zu sein, um das Gemeinschaftsleben zu entwickeln und Beziehungen aller Art in allen Gemeinschaften zu erleichtern. Bei dieser Geschwindigkeit sind beide interkulturellen Fragen astronomisch, da die Ziele der Linguistik und Soziolinguistik unermesslich sind. Daher die Bedeutung dieser Autopsie.

Jean René MAFFO

---

[48] Barbara Addelilah Bauer, *Le défi des enfants bilingues,* éd. , La Découverte, 2015, Online sources

Zusammenfassung:

Unser Ziel in dieser Studie ist es, den Beitrag dieser Konzepte zur Verbreitung von Sprachen und Kulturen innerhalb von Gruppen oder Gemeinschaften aufzuzeigen. Wir werden die Konsequenzen von Interkulturalität in den Beziehungen zwischen den Gemeinschaften untersuchen. Es wird auch notwendig sein, die grundlegenden Ziele der Linguistik und Soziolinguistik zu analysieren, um einerseits ihre Beiträge durch ihre Methoden zu erkennen und zu sehen, ob die Wissenschaften, Linguistik und Soziolinguistik auf die gleiche Art und Weise teilnehmen in dieser sprachlichen Überfülle aus der Sicht von Rede, Sprache, Gesellschaft, Kommunikation, Ethnizität, Kultur und Kontext, auf der anderen Seite. Unsere Fragen werden sich auch auf ihre Dichotomien konzentrieren.

Schlüsselwörter: Linguistik-Kultur-Interkulturalität-Gesellschaft-Soziolinguistik-Mehrsprachigkeit-Multikulturalität

Wenn wir über Linguistik sprechen, sehen wir sofort die Sprache, die sozusagen das Kommunikationswerkzeug schlechthin beim Menschen ist. Es folgt zwangsläufig dem Begriff der artikulierten Sprache. Wir bestehen auf diesem Punkt, gerade weil die Tiere auch miteinander kommunizieren, dank der Töne, die sie ausstrahlen. Um jedoch unser Thema besser zu verstehen, möchten wir die grundlegenden Begriffe dieser Übung so einfach wie möglich definieren.

10. DEFINITION VON WÖRTERN

10.1 Linguistik

Im Allgemeinen ist die Linguistik eine wissenschaftliche und erklärende Studie der Sprache, und aus dieser Perspektive präsentiert Jean Dubois diesen Aspekt in bemerkenswerter Weise:

> „*On s'accorde généralement à reconnaître que le statut de la linguistique comme étude scientifique du langage est assuré par la publication en 1916 du Cours de linguistique générale de Ferdinand de Saussure. À partir de cette date. Toute étude linguistique sera définie comme apparue avant ou après Saussure*"[49].

Unter diesem Gesichtspunkt ist es daher klar, dass die Linguistik eine Wissenschaft ist, deren grundlegendes Ziel das Studium von Phänomenen in Bezug auf Sprache: die Rede und damit auf Sprachen im Allgemeinen bleibt. Dies bestätigt, dass: *„La linguistique a pour unique objet la langue envisagée en elle-même et pour elle-même*"[50].

---

[49] Jean Dubois, *Dictionnaire de linguistique,* Larousse, Paris, 2001, p.300

[50] Ferdinand de Saussure, *Cours de linguistique générale,* éd., Payot, 1916, p. 3017

10.2 Angewandte Linguistik

Angewandte Linguistik, obwohl sie auch an Sprache interessiert ist, basiert und konzentriert sich auf die verschiedenen sozialen Praktiken von Sprachen und indirekt auf die Rede. Es ist in diesem Fall von allen Aspekten der Sprache geprägt. Und wie wir bereits oben ausgeführt haben, legt es einen besonderen Schwerpunkt auf das Studium von Phänomenen, die mit dem Menschen zusammenhängen; das heißt, Fragen, die sich auf die Existenz und speziell auf das Berufsleben oder einfach die täglichen Realitäten beziehen; dies sind Berichte und / oder Kontakte in sozio-professionellen Kreisen; In jedem Fall hebt die angewandte Linguistik die Sprache hervor. Ob vom technischen Schreiben, von der Sprachdidaktik bis hin zur Übersetzung, alle diese Aspekte sind unweigerlich ein integraler Bestandteil der angewandten Linguistik. Darüber hinaus muss hier daran erinnert werden, dass die angewandte Linguistik interdisziplinär ist in dem Sinne, dass sie einen Ort der Wahl für die verschiedenen sozialen, sogar psychologischen Aspekte behält. Aus diesem Grund sind Sprache oder Sprachen fast einzelne Handlungen, die analysiert, interpretiert oder übersetzt werden können, da Kommunikation und Information alle relevant sind. Dies kann in situationsbedingten Kontexten auftreten, die sich stark voneinander unterscheiden. In erster Linie denken wir an den Monolog: einen individuellen Akt, der sich auf die psychologischen Aspekte des Themas konzentriert. Dann kommt die dialogische Handlung mit mehreren Individuen und wo die Kommunikationssituation offen und direkt ist, wenn das Klima und / oder der Kontext es zulässt: totale Abwesenheit absurder Eigenschaften, die In-Kommunikation erzeugen könnten, weil der Diskurs des Absurden den Pfiff der Kommunikation verzerren würde, dass es die Rede ist. Absurdität oder Absurdität der Rede. Es ist daher notwendig, in diesem kommunikativen Umfeld Zweifel zu beseitigen.

10.3 Interkulturalität

Interkulturalität wird als die gesamte Bewegung von Gemeinschaften dargestellt, dh Gruppen oder Institutionen, die durch Kontakte verschiedener Kulturen in Austauschbeziehungen entstehen. Die resultierenden wechselseitigen Beziehungen können entweder konflikthaft oder harmonisch sein. Nichtsdestoweniger ist dies der erste Fall, der am häufigsten in dem Maße vorkommt, in dem die Berichte regelmäßig von Gewalt sind, weil der Wunsch, den Begriff der kulturellen Identität von der einen oder anderen Seite zu schützen, ohne einen Schlag zu verursachen, funktioniert. In der Tat erleichtern Begegnungen von Sprachen, Kulturen oder Zivilisationen noch immer nicht den Austausch, gerade wegen Missverständnissen, mangelnder Kommunikation, aber vor allem der Frage nach dem Unterschied, unvermeidlich begleitet von der Taxonomie der Werte, die wiederum erzeugt werden durch den Appetit des berühmten Nationalismus. Daher ist es leider der Schockeffekt, der auf diesem Niveau die Oberhand gewinnt. Daraus ergibt sich, dass einige Kulturen auf Kosten anderer, die manchmal sogar als minderwertig gelten, sehr geschätzt werden. So gesehen hat diese unglückliche und negative Dichotomie einen gefährlichen Einfluss auf die Wechselbeziehungen oder Wechselbeziehungen. Jedoch hat die Interkulturalität immer etwas zu tun mit dem Multikulturalismus und mit der Mehrsprachigkeit. Ein wirkliches Paradox. Wir werden später darauf zurückkommen.

10.4 Soziolinguistik

Soziolinguistik bezieht sich auf Linguistik, da sie auf der Beziehung zwischen Sprache, Gesellschaft und Identitätsfrage aufbaut; außerdem gesteht sie in ihren Bemühungen, dass Sprache ein „sozialer Akt» bleibt. In diesem Zusammenhang ist William Labov einer der erfahrensten Spezialisten auf diesem Gebiet denkt:»*qu'il s'agit là tout simplement de la linguistique*"[51]

---

[51] Labov William, *Sociolinguistique*, Minuit, Paris, 1976, p. 258

Jetzt haben wir die Definition oder Bedeutung der Elemente aus denen unser Thema besteht, ziemlich gut verstanden oder zumindest verstanden. Man muss auch zugeben, dass Linguistik, verbunden mit Interkulturalität und Soziolinguistik, es ermöglicht, die Phänomene der Gesellschaften in den Austauschbeziehungen zu entdecken und zu verstehen: Sprachen, Kulturen und Kommunikation. So kommt es daraus dass:

> *„Language is one of the most universal and diverse forms of expression of human culture, and perhaps even the most essential one. It is at the heart of issues of identity, memory and transmission of knowledge. Linguistic diversity is likewise a reflection of cultural diversity and cannot be precisely quantified or categorized. Bilingualism and multilingualism are a consequence of linguistic diversity on an individual or collective level, and refer to the use of more than one language in a daily life"*[52]

Somit als ein Kommunikations-Tool, öffnet die Sprache die Türen in allen Bereichen: in der Ausbildung, d.h. Nationale und internationale Studien, Wissenschaftliche Forschung; Sieentwickelten Kontakte und Treffen. Daher spielt die Sprache eine wichtige soziale Rolle.

---

[52] *UNESCO Guidelines on Intercultural Education, UNESCO Section of Education for Peace and Human Rights, Division for the Promotion of Quality Education, Education Sector, Paris, (ED-2006/WS/59)-CLD29366,p. 13*

Mit Bildung und die Bewegung der Menschen von heute, denke ich, dass die Sprache wirklich einen erzieherischen Wert hat. Natürlich ist die Sprache kein Buch, um uns dieser Wert anzubieten. Aber Bücher sind in einer bestimmten Sprache geschrieben. Auf diese Weise,   mehrere Sprache sprechen ist es aus seiner Unwissenheit, seine Isolation, seiner Haft, zum Nutzen das Wissen, das Streben nach Wissen und wirkliche Entdeckung.

De Florio-Hansen vergisst nicht diesen blühende Aspekt der Sprache:

> *„Man kann sich mit Menschen aus anderen Ländern unterhalten ´´ (...)„Es macht Spaß, sich auf anderer Weise mit Menschen kontaktieren zu können. (...) Man kann neue Personen kennen lernen."*[53]

---

[53] *De Florio-Hansen, Interkulturalität und Mehrsprachikeit*, Band 2, S. 101

11. ZU VERSAMMLUNGEN
UND KONTAKTEN

Es ist nicht unüblich, diese Spaltung in den verschiedenen Gemeinschaften zu bemerken, die sich zu durchdringen versuchen, zusammenarbeiten wollen, die aber aufgrund der Faktoren, die sehr oft mit bestimmten Gruppen verbunden sind und die die schwierige Beziehungen. Bevölkerungsbewegungen und folglich langfristige Reisen sowie Migrationen offenbaren offen chaotische Situationen, von einem kulturellen, Identitäts- und Kommunikationsstandpunkt aus. Ein Fremder auf einer neuen Erde zu sein, dh ein Land des Willkommens, lässt Sie die Welt und das Leben anders sehen und betrachten. Aber es ist eine unvermeidliche soziale Tatsache; wenn man es will oder nicht, weil, wie der Philosoph Aristoteles sagte: „Der Mensch ist ein politisches Tier».

Deshalb kritisierte Julia Kristeva, die sich über die Beziehungen, die das Gemeinschaftsleben regeln, wunderte:

> *„Étrangement, l'étranger nous habite : il est la face cachée*
> *de notre identité ...De le reconnaître en nous, nous nous*
> *épargnons de le détester en lui-même. Symptôme qui rend*
> *précisément le « nous » problématique, peut-être impossible,*
> *l'étranger commence lorsque surgit la conscience de ma*

différence et s'achève lorsque nous nous reconnaissons tous étrangers, rebelles aux liens et aux communautés."[54].

---

[54] Julia, Kristeva, Étrangers *à nous-mêmes,* Fayard, Paris, 1998, Online sources

12. KONFLIKT DER SPRACHEN UND KULTUREN IN MODERNEN GESELLSCHAFT

Im Allgemeinen gibt es in den entwickelten Ländern, in denen mehrere soziale Gruppen, dh unterschiedliche Nationalitäten leben zweifellos Konflikte im sprachlichen und kulturellen Bereich. In vielen Fällen verliert der Ausländer allmählich seine eigene Sprache und scheint bestimmte Aspekte seiner Herkunftskultur zu ignorieren, weil er die fremde Kultur, die seines neuen Gastlandes, übernehmen möchte. Aber sehr oft ist es, weil dieser Fremde in einem Zustand der Schwäche ist. Seine Kultur ist vollständig abgewertet; Aber er ist verpönt und falsch wahrgenommen: Er ist anderen unterlegen, durch seine Kultur und Rasse.

Dieser soziale Aspekt führt oft zu einer gewissen Distanz oder kulturellen Auslöschung, auch wegen der sprachlichen und politischen Dominanz. Dies ist zu denken, weil jeder Mensch, trotz der Farbe seiner Haut, mit einer Kultur verbunden ist, die ihn charakterisiert und ihn zu dem macht, was er ist. Wenn er es annimmt oder nicht. Man kann nicht seine Herkunf vergessen: unsere Kultur und unsere ethnische Zugehörigkeit sind unsere Kennzeichen; es geht um ein unerschütterliches Erbe.

12.1. Eine fehlershafte Wahrnehmung der Gesellschaft

Manchmal wollen wir die Integration von Ausländern erleichtern, während wir ihnen die Sprache beibringen wollen, als ein Werkzeug der Kommunikation und des Austauschs gehört werden, manchmal entwickeln wir gegen Sie ein Gefühl der Ablehnung, das zu Frustration führt, zu einem Ekel, der ermutigt ein Rückzug in sich selbst und die Aufgabe. In der Tat sind Gesellschaften und Länder, die viele Ausländer beherbergen, nicht ständig bereit, den sozialen Zusammenhalt zu fördern, trotz der Bemühungen, Sie als solche zu akzeptieren. Übrigens reicht es nicht, ihnen diese Sprache beizubringen. Es ist wichtig und sogar notwendig, im philosophischen Sinne des Wortes auch ihre eigenen kulturellen Werte zu erkennen, anstatt Sie als desorientiert und daher minderwertig zu betrachten. Diese Art, Dinge wahrzunehmen, verzerrt *ipso facto* die menschlichen Beziehungen in interkultureller Kommunikation und Kommunion(Vorliebe), denn vor allem das Zusammenleben verdient gegenseitigen Respekt. In diesem Sinne werden die Fragen der kulturellen Identität und der Interkulturalität gerade deshalb aus dem Vitalkreis entfernt, weil es eine Blockade gibt.

Die Anerkennung und der gegenseitige Respekt, wie Sie von Maletzke Gerhard definiert werden, sollte jedoch alle Akteure hier beleuchten:

„Quand des personnes de cultures différentes se rencontrent, nous qualifions les processus qui sont alors impliqués de „communication interculturelle" ou bien d „interaction interculturelle" (...). Nous utilisons ces deux termes lorsque les partenaires de cultures différentes sont conscients du fait que l'autre est vraiment différent et qu'ils se connaissent réciproquement leur altérité"[55]

Daraus folgt, dass das Missverständnis, das aus der Ignoranz des Anderen oder aus der Ungleichheit der Kulturen, auch der Rassen, entsteht, wenn man es so bekräftigen kann, also multiple Fragen aufwirft, die sich auf die Phänomene der Gesellschaften beziehen. Zusätzlich zu dieser beklagenswerten Einstellung dürfen wir die Idee nicht aus den Augen verlieren, dass diejenigen, die in neuen Gesellschaften integriert werden, wollen sich nicht selbst die Chance geben oder nicht bereit sind, sich an ihre neuen anzupassen. Hintergründe: Sie sind sowohl geografisch fremd als auch moderne Sprachen. Darüber hinaus sehen Sie sich neuen Kulturen und sogar sozialen Gesetzen gegenüber. Wie bereits erwähnt, wird der Begriff der Differenz hinzugefügt. Die Schwächsten sind oft Opfer von Verachtung, die von einem einfachen Blick auf Objektivierung bis zu verbalem Missbrauch reichen. Als solcher, der Ausländer, in seiner

---

[55] Gerhard, Maletzke, *Interkulturelle Kommunikation zur Interaktion zwischen verschiedener Kulturen*, Opladen, Westdeutscher, Verlag, 1996, Online sources

neuen Gesellschaft oder Gastland lebt jeden Tag seltsame Situationen absolut traumatisch. Das ist eine Bremse, ein Hindernis für Interkulturalität, für die Idee und den Prozess des Zusammenlebens.

12.2 Der Nationalismus und konfliktuelle Reatitäten

Durch Nationalismus würde Interkulturalität eher Kräfte offenbaren, die sich gegenseitig bekämpfen, jeder für sein Überleben, dank des Wunsches und des Willens zu dominieren; denn Sprache ist auch ein Werkzeug der Auferlegung und Stärke. Die eigene Sprache und Kultur anderen zu lehren, bedeutet immer, sich selbst aufzudrängen und sogar den anderen abzustumpfen. Kulturelle Interaktionen, wie sie in vielen Situationen der Kommunikation zwischen Mitgliedern mit unterschiedlichen Kulturen gesehen werden, sind immer zerrissen. Aber dieses Zusammenleben für den Austausch ist immer notwendig; was den Mann an die Kreuzung von Sprachen, Kulturen und Zivilisationen stürzt. Es ist ein Schmelztiegel der Mehrsprachigkeit beteiligt, obwohl diese Treffen, diese Fülle von Sprachen, die kulturelle Fülle manchmal und sehr oft Verwirrung in Situationen von Sprache oder Schrift erstellt. Gerade weil Fremdsprachen sich von Muttersprachen unterscheiden, die von Geburt an erworben wurden und die ein fester Bestandteil der kulturellen Identität sind, auch national. Dies charakterisiert koloniales, postkoloniales und migrationsgeschichtliches Verhalten.

Außerdem können wir über diese Kourouma verstehen: *„Je cherche à écrire le français tout en continuant à penser dans ma langue maternelle"*[56] Wenn in seiner Muttersprache zu schreiben, haben wir nichts zu woanders suchen, wir erzwinge nichts; es ist oder sollte genetisch in jedem von uns verankert sein, ohne dass wir es kontrollieren könnten, wenn wir lernen, Fremdsprachen zu benutzen. Außerdem scheint es mir, dass Marie-Anne Paveau ausdrücklich diese Situation gut erklärt *„(...) on ne „maîtrise" pas sa langue, on l'habite, on l'incarne, on la visite, et toutes les métaphores valent mieux que cette illusion de la „maîtrise"*[57].

12.3 Interkulturalität und literarische Werke (Kreativitäten)

In diesem Zusammenhang des Multikulturalismus, verstehen wir sofort die verschiedenen Formen der Schwierigkeiten, die Menschen innerhalb von Koexistenz und Korrelation als widersprüchliche Kräfte kämpfen, mit Blick auf in dem Sinne, kommunikativ zu verstehen und zu verschmelzen. Allerdings müssen wir diese Verdunkelung in dem Sinne überwinden, die

---

[56] Kourouma, Ahmadou, *Écrire en français, penser dans la langue maternelle, in Études françaises,*no33, Montréal, 1997, p. 263, 364

[57] Anne-Marie Paveau, in *L´analyse, linguistique du texte littéraire. Une fausse évidence. Le Français Aujourd'hui´hui*, Armand Colin/Dunot: Association française des professeurs de français, Association frqncaise des enseignants de francais, AFEF, 2011, p, 7, <<hal-00660068 >>

diese Fülle der Wirklichkeit der Sprachen und Kulturen statt als Vermögenswert behandelt werden soll, weil es zwangsläufig zum sprachlichen und kulturellen Mix beiträgt, gepaart mit gemischten Rennen Kindern aus nahezu gemischte Ehen in dieser Umgebung. Wie können wir die Gunst des Universums nicht preisen? Gewiß ist das Schreibsubjekt vom Standpunkt des Schreibens aus mit einer anderen Sprache als seiner eigenen Sprache selbst stur gegen diese sprachliche Neuheit. Und um auf eine solche soziale Situation zu reagieren, hat Jean-Claude Uwiringiyimana Folgendes festgestellt:

> „(…)Ce métissage aboutit à une sorte de création d'une langue dans une autre, ceci parce que les mots d'une langue d'écriture n'obéissent pas facilement à l'écrivain dans son parcours d'écriture. Quand il ne se lasse pas, il préfère «casser la langue» en la travaillant dans tous ses sens, dans toute sa structure, dans toute sa norme, jusqu'à ce qu'elle lui obéisse"[58] "

Deshalb haben wir wiederholt, dass sich die Sprachen trotz aller Vorstellungen und Standpunkte ergänzen. Diese Komplementarität scheint der Logik von Dominique Maingueneau zu folgen: *„Il n'y a pas de langue littéraire. Il n'y a qu'un usage littéraire de la langue"*[59]

---

[58] Jean-Claude, Uwiringgiyimana, „Notre Librairie, Revue des littératures du Sud, Langues, langages, inventions", no 159, Juillet-Septembre 2005, p. 1002

[59] Dominique Maingueneau, *Pragmatique pour le discours littéraire*, Paris, Nathan, 2001, p. 183

So von dort diese neue soziale Realität, die sofort wirkt Sprache erhöht die Leistung oder die Macht der Zunge. Dies ist, was die Position von William rechtfertigt, für diese Haltung: *„La puissance de la langue tend à s'accroître inexorablement, au détriment du contrôle du sujet, mais, paradoxalement, au bénéfice de ses capacités'* '[60]

Die Korrelation zwischen Sprachen macht sie zumindest teilweise, wenn nicht im Wesentlichen lexikalisch voneinander abhängig. Die Syntax oder die Semantik weichen von dieser Vorstellung der Phrasalstruktur ab, da auf dieser Ebene die Spaltung sehr groß ist.

Übrigens, wenn Französisch, Spanisch, Katalanisch oder Portugiesisch, um nur einige zu nennen, sind alle romanischen Sprachen, Englisch, Deutsch, Schwedisch, Niederländisch sind germanische Sprachen. Dafür hat jede dieser Sprachen ihre eigenen Besonderheiten. Allerdings die lexikalische Ebene gibt es zweifellos Darlehen, Ähnlichkeiten von Klangperspektive, phonologische, manchmal die Verwicklung, Konsonanten, Verwirrung zu stiften, wie wir durch die folgenden Beispiele, vor allem in der germanischen Sprachen sehen. Wir haben vorzeitig festgestellt, dass dies die Konsequenz der Sprachgemeinschaft ist, die in den sozialen Kreisen die Fakten der Sprache begünstigt.

---

[60] Guillaume, *„La puissance de la langue tend à s'accroître inexorablement, au détriment du contrôle du sujet, mais, paradoxalement, au bénéfice de ses capacités."* in M. Valette, *Linguistiques énonciatives et cognitives françaises*, (Honoré Champion Editeur, 2006), p. 74.

12.4 Die Reibung und Gleiten der Sprachen

ENGLISH	*(meanings in french)*	*GERMAN*
to drink	boire	*trinken*
the Patients	les patients	*die Patienten*
the football	le football	*das Fussball*
the kitchen	la cuisine	*die Küche*
the jacket	le blouson ou la blouse	*die Jacke*
to cook	cuisiner	*kochen*
to organize	organiser	*organisieren*
the organizations	des institutions	*die Organisationen*
the father	le père	*der Vater*
the mother	la mère	*die Mutter*

Diese Darstellung ist bei weitem nicht erschöpfend, sondern nur ein Beispiel, das zufällig unter vielen anderen genommen wird.

In Bezug auf die Kreditaufnahme können auch mehrere Wörter verwendet werden, die in verschiedenen Sprachen verwendet werden, aber zu einer Muttersprache gehören. In diesem Sinne können wir folgendes feststellen:

Die französische Sprache entlehnt das Wort „*Piano»* vom italienischen „*pianoforte"*

Die englische Sprache entlehnt die Wörter „*Rendez-Vous*" und „*Milieu*"aus der französischen Sprache.
Außerdem leiht sich Französisch das Wort „*Weekend»* aus dem Englischen.

Wir werden nicht auf diesen Aspekt bestehen können, da in Wirklichkeit die Fülle der Sprachen es erfordert; vor allem, dass der Vater der Linguistik lautstark die Idee sprach, dass Sprache „*der soziale Teil der Sprache»* ist, was bedeutet, dass *Sprache vor allem eine Tatsache der Gesellschaft bleibt und als solche* „*(...) ist eine soziale Institution* „*(La langue´ ´*est la partie sociale du langage´ ´*[61] , ce qui revient à dire que la langue demeure avant tout un fait de société et, comme telle, elle" (...) est une institution sociale´ ´[62]*).

Daraus folgt, dass Sprache in zwischenmenschlichen Beziehungen unbestreitbar ist. Ohne diese würden Kontakte und Kommunikation in Schwierigkeiten geraten. Rede oder Sprache sind über Sprache unentbehrlich in Korrelationen, im Zusammenleben. Wie können wir uns eine Gesellschaft ohne diese Vorstellungen vorstellen? Es ist auch durch die Unterstützung der wesentlichen Wert der Sprache, die Jean Giraudoux bekräftigt:

„*(...)le langage joue un rôle fondamental. Dans la philosophie kantienne notamment le langage est associé à la théorie de la*

---

[61] Ferdinand de Saussure, Ibid. , p. 31
[62] Ferdinand de Saussure, Ibid. , p. 33

connaissance: l'homme, confronté au monde, y introduit ce
qui permet de penser en l'occurrence le langage. Le langage est
donc considéré comme un acte de l'entendement impliquant
la conscience du sujet en tant que pouvoir unificateur du
divers"[63]

Angesichts der Tatsache, dass sich alles auf sprachliche Fragen konzentriert, gibt es allen Grund zu der Annahme, dass die Beziehungen zwischen Männern innerhalb einer Gemeinschaft grundsätzlich sprachbasiert bleiben, da sie die Übertragung und Beförderung von Menschen ermöglichen. Botschaften im Sinne zwischenmenschlicher oder sozialer Kommunikation. Wie aber soll man diesen Gemeinschaftsbegriff verstehen?

---

[63] Jean Giraudoux, La crise du langage dans „*La guerre de Troie n'aura pas lieu et Electre*", Paris, éditions l'Harmattan, 2010, sources en ligne

13. SPRACHLICHE GEMEINSCHAFT

Da wir über die Sprache sprechen, sollte klargestellt werden, dass es im Allgemeinen um die Sprachgemeinschaft oder eine Gruppe geht, die dieselbe Sprache als Werkzeug der Kommunikation und somit des Austauschs verwendet; was auf die Frage des Codes zurückkommt. In dieser Hinsicht hat Leonard Bloomfield eine Definition in diesem Sinne formuliert: *„Une communauté linguistique est un groupe de gens qui agit au moyen du discours"*[64]

Unter diesem Gesichtspunkt wären wir jedoch immer in einer problematischen Position, da diese Definition der Sprachgemeinschaft sehr klein erscheint. Wenn nicht, wie und wo sollten Ausländer, die in einem Land ankommen, klassifiziert werden und wer möchte sich sozial integrieren? Zugegeben, Sprache ist ein verbindliches Instrument für soziale Integration und erfolgreiche Erfolg. Aber was sagen wir über die wirklichen Fakten, die soziale Gruppen charakterisieren? Es wäre eher wünschenswert, das was wir „linguistische Gemeinschaft» nennen, neu zu definieren und neu zu positionieren, wenn wir wollen, dass es einen authentischen, allgemeinen umfassenden Wert annimmt und frei von allen Zweifeln hält. Wir hoffen, dass es in diesem

---

[64] Leonard Boomfield, *Le Langage,* Payot, Paris, 1970, p. 44

Sinne eine globale und tadellose Bedeutung genießen kann. Mit dem Ziel, dieses ständig rätselhafte Thema zu reinigen, schätzt der berühmte französische Linguist Louis Jean-Calvet:

> *„La seule façon de sortir de ces paradoxes est de sortir de la langue et de partir de la réalité sociale. Car en définissant le groupe par la langue, on entre dans un processus tautologique qui ne peut que masquer à l'analyse la multiplicité des rapports linguistiques, les imbrications des codes, c'est-à-dire la chair même de la communication sociale(...)"*[65]

Von dort aus sehen wir, dass wahrscheinlich die Macht bekräftigen sollte Interkulturalismus scheint, in dieser Bewegung mit dem sozialen zusammenfallen, dh mit den täglichen Erfahrungen des Einzelnen sagen sein soziales Umfeld, sein Kontakt mit der Gruppe, zu der er gehört oder zu der er gerne gehören würde. Weil alles Teil der Gemeinschaft ist und wir können nicht über die Gemeinschaft sprechen, ohne auf die Gruppe zu verweisen. Wann wir immer von einer Gruppe oder einer Gemeinschaft sprechen, nehmen wir schon ihre Eigenschaften wie Sprache, Kultur oder Zivilisation wahr, die sich auf Verhaltensweisen, Gewohnheiten und den Weg beziehen zu sprechen, zu singen, sich sozial oder kulturell zu organisieren, ohne zu vergessen, wie man andere empfängt oder wahrnimmt. Alle diese Kriterien spielen in dieser

---

[65] Louis Jean Calvet, *La sociolinguistique, Que sais-je?* PUF, Paris, 1993, n° 2731,

Perspektive eine wichtige und notwendige Rolle. Kultur, gekoppelt mit Interkulturalität, hätte daher eine bedeutende Macht im Gemeinschaftsleben, obwohl dieser Kulturbegriff unterschiedlich definiert ist. Trotz dieser Unterscheidung vom Standpunkt im Rahmen der Definition, bleit sie als solche bestehen.

In dieser Perspektive gibt Claude Canet eine psycho-anthropologische Definition von Kultur in folgender Weise:

> *„ensemble de systèmes de significations propres à un groupe, significations prépondérantes qui apparaissent comme valeurs et donnent naissance à des règles et à des normes que le groupe conserve et s'efforce de transmettre et par lesquelles il se particularise, se différencie des groupes voisins. Ensemble de significations que tout individu est amené à assimiler, à recréer pour lui tout au long de sa vie. Ce sont les actualisations de ces interrelations entre les individus et les ensembles des significations détenues par la communauté ambiante qui constituent la culture dans son aspect dynamique. La culture c'est sans doute ce qui se fait et ce qui existe comme production de l'homme, mais c'est surtout et d'abord ce qui se fait et ce qui existe comme ayant du sens dans une communauté particulière. La culture peut être vue comme l'ensemble des formes imaginaires/symboliques qui médiatisent les relations d'un sujet aux autres et à lui-même, et plus largement au groupe et au contexte, réciproquement ces formes et structures de sens médiatisent les relations du contexte, du groupe, des autres ...au sujet singulier. C'est ainsi*

que l'individu qui s'est approprié ces formes en s'y identifiant,
acquiert une identité culturelle[66].

Außerdem schlägt nur so, dass jeder einzelne das Ergebnis seiner Kultur, seine Beziehung zu seiner Gruppe und ihren Lebensraum, wo Bindungen gebildet werden und konvergieren zu einem einzigen Pol Förderung von Wissen über die Kommunikation im weitesten Sinne . Man kann auch die Riten und Traditionen sehen, die in den meisten afrikanischen Gesellschaften vorhanden sind, zum Beispiel, um das Wissen der Vorfahren zu übertragen oder dem Subjekt eine Position zu geben, das heißt einen traditionellen Rang. Es ist eine schwierige Bühne, sogar magische Szenen und Abenteuer geheimnisvoll, super okkult, aber Ebenen des Reichtums, kulturell. Nur die Eingeweihten sind aufgefordert, diese Form des angestammten Know-hows an die Jugendlichen oder an die betroffenen Fächer weiterzugeben, um eine bestimmte Funktion innerhalb ihrer Gemeinschaft zu gewährleisten. Angesichts dieser Ratlosigkeit sagt Emile Benveniste:

> „J'appelle culture le milieu humain, tout ce qui, par delà
> l'accomplissement des fonctions biologiques, donne à la vie
> et à l'activité humaine, FORME, SENS et CONTENU...
> La culture est un phénomène entièrement symbolique, elle se
> définit comme un ensemble très complexe de représentations,

---

[66] Claude Canet, *L'interculturel*, 1993, sources en ligne.

organisées par un code de relations et de valeurs : traditions,
religion, lois, politique, éthique, arts, tout cela dont l'homme,
où qu'il naisse, sera imprégné dans sa conscience la plus
profonde et qui dirigera son comportement dans toutes les
formes de son activité, qu'est-ce donc sinon un univers de
symboles "[67].

---

[67]   Émile Benveniste, *Problèmes de linguistique générale*, Paris,
Gallimard, 1974, sources en ligne

14. BEREICH DER SPRACHWISSENSCHAFT UND INTERKULTURALITÄT

Wir haben über die Bedeutung der Sprache bei Individuen in allen Bereichen des täglichen Lebens geklärt. Da das soziale Milieu Gemeinschaften unterschiedlicher Herkunft zusammenführt, beinhaltet diese soziale Tatsache, die sich aus historischen Faktoren ergibt, direkt Interkulturalität und Mehrsprachigkeit. In einigen Teilen der Welt geben wir zu, dass die Gesellschaft wächst und sich vermehrt. Kann sich jemand in einer Situation wie dieser leicht anpassen?

14.1. Ausländer: Anpassung und soziale Integration

Auf diese Weise erkennen wir, dass sowohl die Linguistik als auch die Interkulturalität aus sozialer Sicht gerade im Hinblick auf den Kommunikationsrahmen viel zu tun haben. Ob die Rede, oder Sprache, der kulturelle Faktor, dh die Zugehörigkeit zu einem Stamm durch eine einzigartige Identität ist besonders schwer zu identifizieren. Darüber hinaus hängt das Verhalten von Individuen sowohl mit ihrer Herkunft (Stämmen oder ethnischen Gruppen, Nationalitäten) als auch mit ihrer Ausbildung und ihrer gewohnten Umgebung zusammen.

Für Staatenlose und Emigranten wäre es notwendig zu

überdenken, in welchem Alter Sie sich in diesem kritischen Zustand ihrer Existenz befanden. Hier und im Allgemeinen haben die Kleinen die Möglichkeit der Einfügung, Anpassung und Integration durch das schnelle Erlernen der Sprache. Dieser Aspekt wird durch ihr soziales und kulturelles Umfeld (Jugend und Schulumfeld: Spiele, Lieder, Geschichten und Lehrercoaching) unterstützt. Sie passen sich schnell an ihre neue Gesellschaft, neue Gruppe und zweifellos endgültig an, weil Kinder geschickte und sehr schnell Freunde sind. Das ist natürlich.

Auf der anderen Seite ziehen die Älteren hinter ihnen ihre alten Erinnerungen zurück, die mit düsteren Geschichten übersät sind, die manchmal schmerzhaft sind, familiäre Verpflichtungen und die Angst vor Versagen, sozial gesehen. Fazit: Sie haben Probleme von vorne anzufangen. Auf der psychologischen Ebene gibt es keine Veranlagung, Sprache, Kommunikationsmittel und soziale Integration par excellence zu lernen.

Es sollte jedoch angemerkt werden, dass der Ausländer, der die Sprache angewendet hat und sich der Kultur anderer angenommen hat im Laufe der Zeit nicht mehr psychisch und sozial fremd ist. Im Gegenteil, er fürchtet, dass er von nun an weiß, was der Vulgäre ignoriert; aber auch und vor allem, weil er weiß, was der Eingeborene vor ihm hätte verbergen wollen. Er kann daher als ein Kollaborateur betrachtet werden; aber auch als „Feind», denn er hat die Fähigkeit zu verraten und gilt dann als potentieller „Verräter". Die Sprache hat sozusagen ein doppeltes Spiel und die Arbeit des Linguisten bleibt komplex, besonders in diesem Kontext des Multikulturalismus, wo auch eine Form des verbalen Erfindungsreichtums, die gleichzeitig zur literarischen Kreativität führt, zur Bereicherung der Sprache führt. Sogar.

Das sind Neologismen, die auf den ersten Blick amüsant erscheinen, die aber zur Bereicherung der Sprache beitragen. So können wir in einer Muttersprache wie der französischen Sprache eine Fülle von Wörtern aus anderen Sprachen entdecken: Kongolismus, Gabunismus, Kamerun oder sogar die Kreolisierung der französischen Sprache. Diese Neuerung kann nicht ausgeschlossen werden, da es sich um einen Bereicherungsprozess handelt, da das Schreiben in der französischen Sprache eine Möglichkeit zur Schaffung neuer Wörter ist. Und das ist völlig normal, da Männer im Zentrum der Sprachentwicklung stehen; In der Tat sind es Menschen, die jeden Tag Sprachen üben und sie lebendig machen und verewigen. Eine Sprache, die von ihren Praktizierenden nicht hervorgehoben wird, ist zum Verschwinden verurteilt. Daher schreibt man „auf Französisch in der erfinderischen Art, farbig metaphorisch, humorvoll der kreolischen Sprache", „Das menschliche Auge ist ein Leuchtfeuer, das navigiert"; „Grau ist der Aschenbecher der Sonne"; *„Le Diable, c'est la quatrième dimension des églises"*[68] Dieser linguistische Schmelztiegel lädt den Linguisten dazu ein, andere Studienbereiche aus

---

[68] Chazal, cité par Jean-Louis Joubert, in „Notre Librairie," IBID, p. 63

methodologischer Sicht zu besuchen oder zu erforschen, da Sprachen verworren werden, Trotz dieses Faktors der Bereicherung der Sprache in einem Kontext, in dem sich die Wörter unaufhörlich gegenseitig bedrängen: sprachliche Kreativität, Erfindungsgabe, Aneignung der französischen Sprache. Es muss getan werden, weil die Sprache der Gesellschaft innewohnt.

Von diesem Standpunkt haben die Linguisten von gestern und die von morgen oder sogar von heute ständig widersprüchliche Visionen und Standpunkte, auch wegen des Unterschieds zwischen Diachronie und Synchronität. Die erste ist zu analysieren, dh die Perioden der Sprachentwicklung zu studieren; was kommt oder geht von der Geschichte aus. Die zweite besteht darin, die Regeln für das Funktionieren der Sprache in einem aktuellen Kontext zu einem bestimmten Zeitpunkt zu beschreiben. Hier ist der Haken.

Aus diesem Grund wirft diese Arbeit an der Sprache viele Fragen auf. Trotz der enormen Forschungsarbeit namhafter Linguisten, deren Namen ich nicht nennen möchte, könnte man auf die Frage des Aufbruchs zurückkommen: Was ist Linguistik und was ist ihr Gegenstand? Es klingt überraschend mysteriös. Aber es ist so. Die Texte des kongolesischen Schriftstellers Sony Labou Tansi oder Ahmadou Kourouma, um nur diese beiden zu nennen, bleiben eindeutig demonstrativ, weil wir das Vorhandensein vieler Interferenzen bemerken. In seinem Buch *Languages in contact* gibt uns Uriel Weinreich eine einfache Definition:

„Le mot interférence désigne un remaniement de structures qui résulte de l'introduction d'éléments étrangers dans les domaines les plus fortement structurés de la langue, comme l'ensemble du système phonologique, une grande partie de la morphologie et de la syntaxe et certains domaines du vocabulaire (parenté, couleur, temps, etc.)"[69].

14.2. Für eine Perspektive

Linguistik und Interkulturalität ermöglichen es, Gruppen für eine perfekte Integration sowie für fließende Kommunikation zu entwickeln. Sprach- und Kultur öffnen die Türen zum Wissen im weitesten Sinne des Wortes: das was Zweifel und Ungewissheit beseitigt oder beseitigt, Zugang zu neuen Horizonten gibt und in diesem Fall ein soziales Klima schafft, das auf Zusammenarbeit und Austausch basiert. Die Wechselbeziehungen gedeihen mit Leichtigkeit und Einfachheit innerhalb der Gruppen der Gemeinschaft, vor allem dank dieser reichen sprachlichen Kreuzung. Vielmehr sollten die möglichen Konflikte von Sprachen und Kulturen vermieden werden, um eine echte Gemeinschaft in der Linguistik zu etablieren und durchzusetzen. Sonst wird es weiterhin viele Grenzen zeigen, wenn wir uns an die Fortschritte der Soziolinguistik halten, die auch Teil der Sprachwissenschaften ist.

---

[69] Uriel Weinreich, New York, 1953, publié chez Mouton, La Haye, 1963, *Languages in contact*, p. 1

In dieser Haltung müssen wir nicht vergessen, dass Soziolinguistik die Sprachgemeinschaften in sozialem Umfeld zu charakterisieren, auch Phänomene wie Diskursanalyse durch Situationen oder Entscheidungen nimmt, während speziell auf der Überprüfung betont, auf die Analyse der Sprache oder zumindest der Sprache unter Berücksichtigung des soziokulturellen Kontexts; Das ist lobenswert genug für diese Disziplin. Wir können auch kurz einige bestehende Lücken zwischen Linguistik und Soziolinguistik beobachten.

Wenn die Linguistik eine Beschreibung der Sprache einzeln und sehr geschlossen „autonomes System" zu präsentieren arbeitet, das heißt, unabhängig, souverän, Soziolinguistik hat Kapital Korrelation betreffen, die Interaktion jedes Unternehmen der Kombination von verstanden als eine menschliche Gemeinschaft und die verschiedenen linguistischen Produktionen, unter denen: die Verbindungen oder Beziehungen, die zwischen der Identität und der Sprache bestehen, die sozialen Verbindungen durch die Analyse der Frage der Norm. In der Soziolinguistik werden nämlich alle Aspekte der Gesellschaft wie ethnische Referenzen und das soziale Umfeld im geographischen Sinne genutzt. Zu diesem Zweck gibt die Soziolinguistik Sprache zu und betrachtet sie als „sozialen Akt". Man kann auch die Bedeutung dieser Aussage verstehen BOYER H: *„La sociolinguistique prend en compte tous les phénomènes liés à l'homme parlant au sein d'une société"*[70]

---

[70] BOYER, Henri, *Éléments de sociolinguistique: Langue, communication et société*, Dunot, 1996, (2ᵉ édition), sources en ligne

In jedem Fall könnten wir einfach zugeben, dass es zweifellos notwendig wäre, die grundlegenden und bereichernden Ziele der Linguistik neu auszurichten. Da Linguistik und Soziolinguistik jedoch alle Sprachwissenschaften sind, sind Sie aufgefordert, sich gegenseitig zu ergänzen, indem Sie die Probleme von Sprache in Gruppen und Gemeinschaften in einem bestimmten Raum lösen, das heißt in einem spezifischen sozialen Umfeld. Dies liegt daran, die Konzepte der Kultur und des interkulturellen wird seit ständig Bereich wieder, reden über diese Konzepte, einschließlich Sprach-, Sprech-, und Linguistik und Sozio beträgt *ipso facto* in Frage zu Mann stellen, in dem alle diese Arbeit für ihn entwickelt wird.

FAZIT

Alles in allem war unser Hauptziel, die Beziehungen zwischen Linguistik, Interkulturalität und Soziolinguistik auf der einen Seite zu untersuchen. Aus unseren Analysen konnten wir eine Reihe von Details zu dieser Forschung sammeln. Außerdem haben wir auf jeder Seite durch ihre primären Definitionen und insbesondere ihre grundlegenden Ziele starke Implikationen für ihre Werte gesehen. Interkulturalität, durch die Beziehungen von institutionellen Methoden, die durch Korrelationen oder kulturelle Interaktionen durch gemeinsamen Austausch erzeugt werden, trägt zur

Entstehung der Gemeinschaft bei und verschärft gleichzeitig den kulturellen Aspekt der Individuen in der Gruppe, ohne Ausnahme Identität. Was die Soziolinguistik anbelangt, geht sie mit ihrem Ziel, die Sprache, Gesellschaft, Individuen und Kontext berücksichtigt, sicher voran. Was die Linguistik anbelangt, so wurden in diesem Überblick einige Probleme im Zusammenhang mit ihrer Entstehung festgestellt. Wir hoffen, dass diese Disziplin, trotz ihrer vielen Zweige und ungeachtet dessen, was sie bereits geleistet hat, neu definiert und umgestaltet werden kann, um auf globaler Ebene viel objektiver und mächtiger zu sein. Zugegeben, die Verwirklichung dieses Projekts scheint nicht einfach zu sein, wie man vermuten könnte; Trotzdem ist es auch nicht schwer. Nur der Wille gepaart mit Dynamik bleibt akklimatisiert, um dieses Engagement zu festigen. Und noch mehr, die Wissenschaft war nie stabil, weil sie dynamisch ist, das heißt progressiv, graduell. Auf jeden Fall braucht die Wissenschaft es, um die Gesellschaft und damit die Menschheit besser zu befriedigen.

BIBLIOGRAPHIE/ BIBLIOGRAPHY

BENVENISTE, E., *Problèmes de linguistique générale*, Paris, Gallimard, 1974

BAUER, B., *Le Défi des enfants bilingues*, éd. La Découverte, 2015, sources en ligne

BLOOMFIELD L. , *Langage*, Paris, Payot, 1970

BOURDIEU P., *Ce que parler veut dire*, Paris, Fayard, 1982

BOYER H., *Éléments de sociolinguistique: Langue, communication et société*, Dunod, (2e édition), 1996

BOYER H., *Langues en conflit, études sociolinguistiques*, l'Harmattan, Paris, 1991

BRIGHT W., Sociolinguistics, Proceeding of the UCLA Sociolinguistics Conference, La Haye-Paris, Mouton, 1966

CALVET L.J., *Langue, corps et société*, Payot, Paris, 1979

CALVET L.J., *La sociolinguistique, Que sais-je?*, PUF, Paris, 1993

CALVET L.J., *Linguistique et colonialisme: petit traité de glottophagie,* Payot, Paris, 1974

CHARAUDEAU P., *Langage et discours*, Hachette, Paris, 1983

CHAUDENSON R., *La francophonie: représentations, réalités, perspectives*, Didier-Édition, Paris, 1992

CLAUDE C. , *L'interculturalité*, 1993

De Florio-Hansen, Inez/ Hu, Adelheid (Hrsg.): Plurilingualität und Identität. Zur selbst-und Fremdwarnehmung mehrsprachiger Menschen, Tübingen: Stauffenberg, 2007

De Florio-Hansen, Interkulturalität und Mehrsprachikeit, Band 2, 101

DUBOIS J. , *Dictionnaire de linguistique*, Larousse, Paris, 2001

GIRAUDOUX J. , *La crise du langage dans «La guerre de Troie n'aura pas lieu et Électre»*, Paris, l'Harmattan, 2010

GUESPIN L. , *L'analyse du discours, problèmes et perspectives, La nouvelle critique*, Paris, 1975

Guillaume, « *La puissance de la langue tend à s'accroître inexorablement, au détriment du contrôle du sujet, mais, paradoxalement, au bénéfice de ses capacités.*» in M. Valette, *Linguistiques énonciatives et cognitives françaises*, (Honoré Champion Editeur, 2006), p. 74.

HANSEN, Klaus P. (Hg), *Kultur Begriff und Methode. Der Stille Paradigmawechsel in den Geisteswissenschaften. Tübingen*, Gunter Narr Verlag, 1993

Hawkins, Eric W. *Awareness of Language: an introduction.* Cambridge: Cambridge University Press, 1987

JUILLARD C., CALVET L.J.*Les politiques linguistiques.* Mythes et réalités, FMA, Beyrouth, 1996

KOUROUMA A. , *Écrire en français, penser dans sa langue maternelle, in Études françaises*, n° 33, Montréal, 1997

Kramsch C., Context and culture in Language Teaching. Oxford: Oxford University Press, 1993

KRISTEVA J. , *Étrangers à nous-mêmes*, Fayard, Paris, 1998

LABOV W. , *Sociolinguistique*, Minuit, Paris, 1976

MAINGUENEAU D. ,*Pragmatique pour le discours littéraire*, Nathan, Paris, 2001

MALETZKE G., *Interkulturelle Kommunikation zur Integration zwischen verschiedener Kulturen*, Opladen, West-deutscher, Verlag, 1996

MEILLET, A. «*L'état actuel des études de linguistiques générales*», leçon inaugurale au Collège de France, 13 février 1906; repris dans *Linguistique historique et linguistique générale*, Paris, Champion, 1921, cité ici dans la réédition de 1965, p. 17

PAVEAU.M., *L'analyse, linguistique du texte littéraire. Une fausse évidence. Le Français Aujourd'hui, Armand Colin/ Dunod: Association française des professeurs de français; Association française des enseignants de français*, AFEF, 2011, «hal-00660068»

ROUQUETTE M.L. , RATEAU P. , *Introduction à l'étude des représentations sociales,* PUF, Grenoble, 1998

SAUSSURE F. (de), *Cours de linguistique générale*, Payot, Paris, 1916

UNESCO Guidelines on Intercultural Education, UNESCO Section of Education for Peace and Human Rights, Division for the Promotion of Quality Education, Education Sector, Paris, (ED-2006/WS/59)-CLD29366,p. 13

WENDEN, Anita, *Learner Strategies for Learner Autonomy, Planning Implementing Learner Training for Language Learners.* New York: Prenctice Hall, 1991,

WENDEN, Anita, „What do Second-Language Learner know about their Language Learning?
A Second Look at Retrospective Accound." In: Applied Linguistics, 1986

WEINREICH U. , New York, 1953, publié chez Mouton, La Haye, 1963, *Languages in contact*